D1873436

LAUTER TOLLE, NEUE IDEEN FÜR

Kinder PARTIES

CLARE BEATON

INHALT

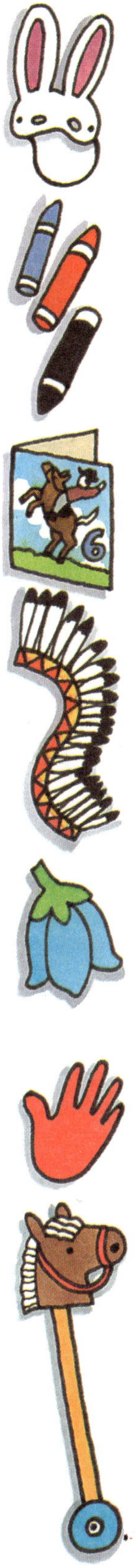

MOEWIG

1. THEMEN

EINLEITUNG

Ihre Kinderparty wird ganz besonders lustig und amüsant, wenn Sie ihr ein bestimmtes Motto geben. Die Kinder werden so zusätzlich zum Mitmachen angeregt.

Dieses Kapitel ist voller Ideen und nützlicher Tips zu Einladungskarten, Dekorationen und Verkleidungen über Speisen und Spiele bis hin zu Vorschlägen für kleine Geschenke, die Sie den Kindern mit nach Hause geben können.

Versuchen Sie, die Party genau auf Ihre kleinen Gäste abzustimmen. Komplizierte Spiele machen Kindern einfach keinen Spaß. Wählen Sie deshalb grundsätzlich einfache und leicht verständliche Spiele aus, und variieren Sie zwischen ruhigen und lebhafteren Spielen. Wenn der Altersunterschied zwischen den Kindern recht groß ist und sowohl Jungen als auch Mädchen eingeladen sind, sollten Sie das auch in Ihre Planung mit einbeziehen. Denn, ob Sie wollen oder nicht, Jungen und Mädchen haben oft sehr unterschiedliche Vorlieben.

Auch wenn eine Themenparty nicht unbedingt zusätzliche Arbeit bedeuten muß, so bedarf sie doch einer gewissen Vorbereitung. Einen Großteil der Speisen sollten Sie zum Beispiel vorab zubereiten und dann in der Gefriertruhe oder in luftdichten Behältern aufbewahren. Kinder lieben Musik, also halten Sie ein paar CDs oder Kassetten bereit, zu denen die Kinder singen und tanzen können. Es wäre günstig, wenn jemand aus ihrem Freundeskreis Ihnen am Tag der Feier hilft.

VORBEREITUNG

Einladungen

Dieses Buch liefert Ihnen Ideen für die Gestaltung von Einladungskarten. Lassen Sie sich hierbei doch einfach von dem Geburtstagskind helfen. Sie werden viel Spaß zusammen haben!

Sollen die Einladungen in Umschlägen verschickt werden, dann achten Sie auf die Größe, damit sie auch passen.

Verschicken Sie die Einladungskarten zwei Wochen vorher – früh genug, um Enttäuschungen im Falle einer Absage zu vermeiden, aber nicht zu früh, daß der Termin vergessen wird.

Verwenden Sie für die Einladungskarten leuchtend bunte Pappe. Die Illustrationen sollten klar und einfach gehalten werden. Wenn Sie Zugriff auf einen Fotokopierer haben, können Sie auch Bilder aus Zeitschriften kopieren, aufkleben und dann buntmalen.

Auch Collagen sind sehr effektvoll und außerdem leicht und intuitiv herzustellen. Schneiden Sie aus alten Zeitschriften und Comics Bilder und verschieden große Buchstaben aus, und arrangieren Sie diese nach Belieben auf der Einladungskarte.

Auf die Innen- oder Rückseite der Einladungskarte schreiben Sie Datum, Ort, Anfangszeit und Ende der Feier. Partys für Kleinkinder sollten anderthalb Stunden dauern, während bei älteren Kindern das Limit bei drei Stunden liegen dürfte.

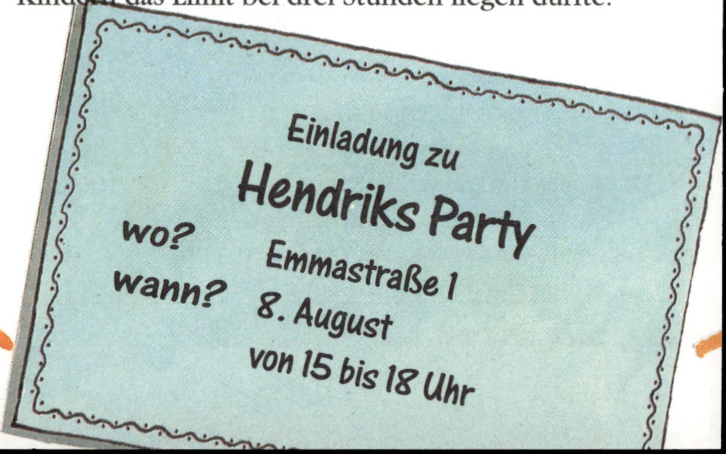

Verkleidung

Nehmen Sie zum Verkleiden unkomplizierte und bequeme Kleidungsstücke aus Ihrem Schrank. Auch Flohmärkte und Second-Hand-Läden sind gute Adressen, um Stoffe und Kleidungsstücke zu finden. Alte Vorhänge lassen sich einfach zu Capes und Flügeln umfunktionieren. Achten Sie nur darauf, daß die Stoffe sauber sind.

Am besten beginnen Sie die Themenparty damit, die Kinder ein Accessoire oder ein Requisit basteln zu lassen, das zu ihrer Verkleidung paßt. So überwinden die ersten Gäste ihre Schüchternheit und sind bis zum Eintreffen der anderen Kinder beschäftigt.

Legen Sie alle benötigten Utensilien auf einen Tisch. Die Masken, Anstecker und Hüte sollten bereits ausgeschnitten sein. Die Gäste können dann gleich mit dem Bemalen und Dekorieren beginnen. Wichtig ist auch, daß Sie eine große Auswahl an Klebebildern, Pailletten, Federn, Glitter, Klebstoff und Filzstiften bereithalten.

Dekoration

Luftballons und Luftschlangen sorgen immer für gute Stimmung. Hängen Sie ein paar Luftballons an der Haus- oder Wohnungstür auf, damit man gleich sieht, wo die Party stattfindet. Feiern Sie draußen, hängen Sie einige Ballons in einen Baum oder binden sie an einer Bank fest.

Eine Schnur über dem Partytisch mit Luftschlangen und Kreppbändern daran, sieht besonders attraktiv aus. Diese Dekoration können Sie leicht dem Thema anpassen, indem Sie zum Beispiel für eine Monsterparty schwarze Plastikbänder mit ausgeschnittenen Spinnen basteln.

Kaufen Sie viele Luftballons, und binden Sie sie zu Trauben zusammen. Zum Schluß können Sie jedem Kind einen Ballon mit nach Hause geben.

Wenn Sie Ihr Motto noch stärker betonen wollen, können Sie ausgeschnittene Papiermotive an Fenster und Türen hängen. Bei einer Monsterparty können Sie auch ausgefranste schwarze Mülltüten von den Türrahmen herunterhängen lassen, bei einer Feenparty Glitzerschmuck und bei einer Dschungelparty grüne Kreppapierbänder.

VORBEREITUNG

Farbiges Seidenpapier vor den Fensterscheiben sorgt für ungewöhnliches Licht und eine besondere Atmosphäre.

Lassen Sie die Kleinen beim Dekorieren helfen. Heften Sie ein großes Stück Tapete (Rückseite) an die Wand. Fertigen Sie mit Filzstiften eine Skizze an und lassen Sie sie von den Kindern ausmalen – eine gute Idee für den Beginn der Party. Dabei muß das Wandbild gar nicht unbedingt fertig werden.

Auch bei der Tischdekoration sollten Sie das Motto im Auge behalten. Für eine Dschungelparty können Sie die Teller mit grünen Papierblättern dekorieren, und bei einer Weltraumparty sollten Sie viel Alufolie verwenden. Beschränken Sie sich auf eine oder zwei Farben.

Spiele

Machen Sie sich schon vor der Party eine Liste mit Spielen, und stellen Sie eine Kiste mit Requisiten und – wenn Sie möchten – kleinen Gewinnen zusammen. Bereiten Sie sich dabei auf eine größere Anzahl von Spielen vor, als Sie zu benötigen glauben. Achten Sie darauf, daß zwischen den Spielen keine Pausen entstehen, da die Kinder sonst schnell unruhig werden. Bei gutem Wetter sollte die Party im Freien stattfinden, wo es viel Platz gibt. Auch eine Grillparty wäre dann eine schöne Idee. Sie sollten jedoch auf jeden Fall auch Spiele für drinnen vorbereiten, falls es regnen oder kalt werden sollte.

Passen Sie die Spiele Ihrem Motto an. Statt »Kleb dem Esel einen Schwanz an« (mit verbundenen Augen natürlich) könnten Sie bei einer Weltraumparty »Kleb dem Weltraumfahrer eine Antenne an« oder bei einer Elfenparty »Kleb den Stern an den Zauberstab der Elfe« spielen.

Schatzsuchen sind immer lustig und können durch die Wahl eines entsprechenden »Schatzes« auf jedes Motto abgestimmt werden. Verstecken Sie bei einer Piratenparty Schokoladenmünzen oder bei einer Dschungelparty Plastiktiere.

Speisen

Die meisten Partyspeisen werden dieselben sein wie sonst. Versuchen Sie jedoch, ein paar zusätzliche Speisen und Knabbereien anzubieten, die speziell auf Ihr Motto abgestimmt sind. Alles sollte einfach zuzubereiten sein, gleichzeitig aber auch originell und ansprechend aussehen.

Plätzchen und phantasievolle Kuchen sind in der Regel leicht zu backen. Torten lassen sich gut vorbacken und einfrieren.

Beziehen Sie Ihr Kind bei der Essensvorbereitung mit ein. Verwenden Sie keine zu dunklen oder grellen Farbstoffe, weil das Essen dann leicht unappetitlich aussieht.

Falls Sie ein Picknick veranstalten, können Sie für jedes Kind eine eigene kleine Picknickschachtel zusammenstellen (nehmen Sie noch einige Extravorräte zum Nachfüllen mit). Sie können Pappschachteln kaufen oder leere Eiskremboxen verwenden.

Torten

Wenn die Überraschungstorte die Attraktion der Party sein soll, müßten Sie etwas mehr Zeit auf die Zubereitung der Überraschungstorte, die natürlich das Motto erkennen lassen sollte, verwenden. Nehmen Sie Biskuitkuchen in verschiedenen Größen, Biskuitrollen, Waffeln und Glasuren; so können Sie alle möglichen Formen und Figuren realisieren.

Von dem Kuchen, der übrigbleibt, können Sie Ihren kleinen Gästen in Servietten oder Alufolie eingewickelte Stücke mit nach Hause geben.

Zum Abschied

Auch die Abschiedsgeschenke können sich am Motto orientieren. Es gibt ein unendlich großes Angebot an preiswerten kleinen Geschenken. Verwenden Sie möglichst keine Plastikbeutel, sondern nehmen Sie hierfür kleine Pappschachteln oder ähnliches.

Stellen Sie das Geschenkesortiment vorher zusammen, und bewahren Sie alles in einem Karton oder einem Korb auf. Um dem Ganzen eine persönliche Note zu geben, können Sie jedes Geschenkepäckchen mit dem Namen des jeweiligen Kindes versehen.

ZIRKUS

EINLADUNG

Basteln Sie als Karte ein Zirkuszelt mit aufklappbaren Türen, wie hier beschrieben.

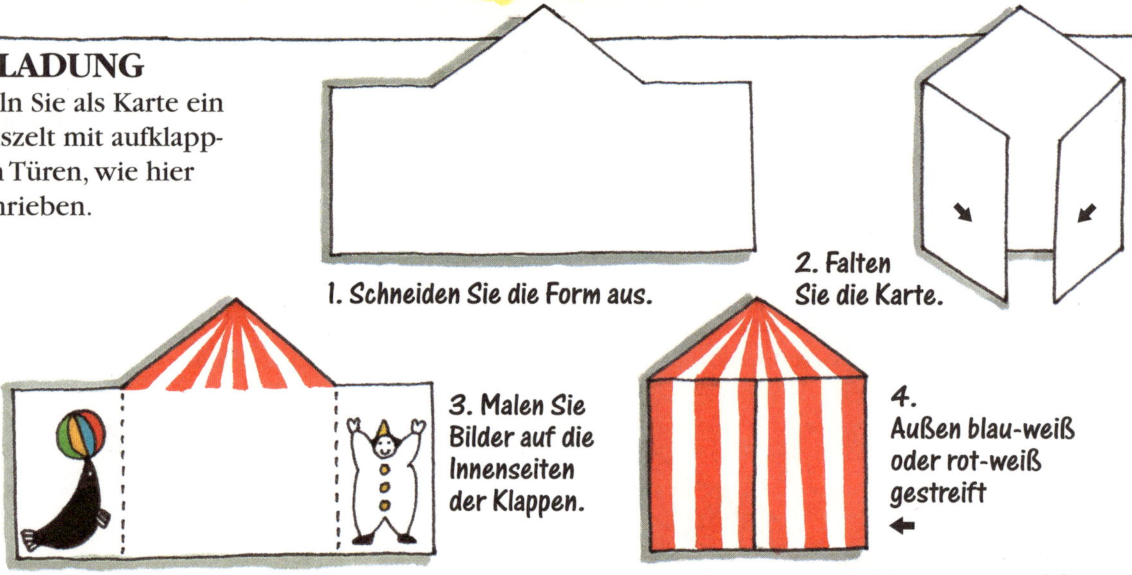

VERKLEIDUNG

Verkleide dich als Clown, Gewichtheber, Seiltänzer, Artist oder Zirkusdirektor.

SPIELE

- Spielen Sie »Kleb die Nase in das Clowngesicht« (mit verbundenen Augen).
- Wer kann einen Ball oder eine Streichholzschachtel am längsten auf der Nase balancieren?
- Ringewerfen: Schneiden Sie Ringe aus Karton aus, die die Kinder dann über kleine Tütchen mit Süßigkeiten werfen müssen.

Eine Kugel aus roter Marzipanmasse als Nase →

Schneiden Sie Marzipansterne für den Rand aus.

TORTE

Ein runder Biskuitkuchen wird mit Glasur und Clowngesicht verziert.

DEKORATION

Hängen Sie viele leuchtendbunte Luftballons und Girlanden auf.

SPEISEN

Schneiden Sie Platzdeckchen aus Papier, die die Form von Zylindern haben.
Servieren Sie: • Popcorn, • kandierte Äpfel, • runde Kekse mit Clowngesichtern oder Plätzchen in der Form von Frackfliegen, mit Punkten aus Smarties, und • »rote Nasen« aus Kirschtomaten, mit Schmelzkäse auf salzige Kekse geklebt.

ZUM ABSCHIED

Am Schluß der Zirkusparty können Sie riesige Ballons, Partytröten, kleine Püppchen, rote Pappnasen und Pustefix verschenken. Kaufen oder basteln Sie (aus großen Joghurtbechern) einfache Partyhüte mit Hutgummi, in denen die Geschenke transportiert werden können.

DSCHUNGEL

EINLADUNG

Basteln Sie eine Tierschablone. Schneiden Sie die Schablone aus, oder malen Sie sie aus.

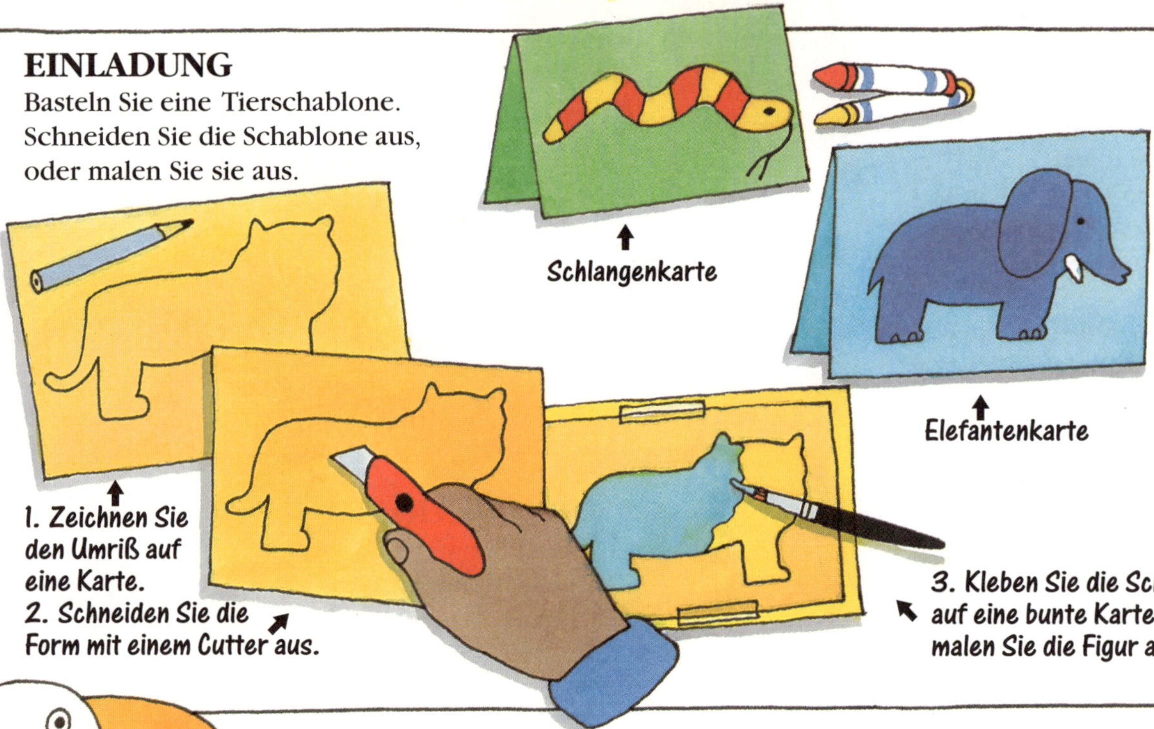

VERKLEIDUNG

Welches Tier möchtest du gerne sein? Hier sind einige Vorschläge: Papagei: Bastle einen Vogelkopf mit einem Schnabel, Papierflügel und Schwanz (s. Abb.). Du könntest Schwimmflossen tragen; sie sehen fast aus wie Vogelfüße.

Elefant: Große Papierohren und Papprröllchenrüssel mit grauem Trainingsanzug.

Löwe, Leopard oder Tiger: Klebe Flecken oder Streifen auf einen Gymnastikanzug. Bastle Ohren und einen Schwanz. Mal dir mit Karnevalsschminke ein Wildkatzengesicht.

DEKORATION

Schneiden Sie grüne Kreppapierbaumkronen und braune Kreppapierstämme aus. Kleben Sie große, leuchtende Seiden- oder Kreppapierblumen darauf.

Spiele

- Denken Sie sich ein Tierquiz aus, und teilen Sie die Kindergruppe in zwei Mannschaften. Die Mannschaft mit den meisten richtigen Antworten hat gewonnen. Stellen Sie nicht zu schwierige Fragen.
- Wieviel Uhr ist es, lieber Wolf? Wenn der Wolf antwortet »Zwölf Uhr, Mittagszeit«, müssen die anderen Kinder, die ihm gefolgt sind, sich umdrehen und wegrennen. Wer gefangen wird, spielt als nächstes den Wolf.

TORTE

Tiergesichter aus mit Glasur überzogenen, runden Biskuitkuchen. Verwenden Sie Plätzchen für die Ohren und Süßigkeiten für Augen, Nase und Schnurrbärte.

ZUM ABSCHIED

Verteilen Sie Zookekse, Seifen in Tierform und Plastiktierchen.

SPEISEN

Servieren Sie »Dschungelnahrung« wie z.B.:
- ausgehöhlte Orangenhälften, mit Eis und Obstsalat gefüllt,
- selbstgebakkene Plätzchen in Tierform,
- Nüsse und Rosinen.

TEDDYPICKNICK

EINLADUNG

Basteln Sie Teddymasken, und verschicken Sie sie als Einladungskarte.

Übertragen Sie den Umriß dieser Maske auf dünnen Karton, und schneiden Sie ihn aus.

Schreiben Sie die Daten der Feier auf die Rückseite mit der Bitte, die Masken wieder mitzubringen. Halten Sie für alle Fälle ein paar Extramasken bereit, falls jemand seine vergißt.

VERKLEIDUNG

Bitten Sie die Kinder, die Einladungsmasken zu tragen und ihre eigenen Teddybären mitzubringen.

DEKORATION

Binden Sie Ballons an eine Bank oder einen Baum nahe beim Picknickplatz. Breiten Sie eine Tischdecke und Decken zum Daraufsitzen aus.

SPIELE

- Denken Sie sich Spiele aus, in denen Teddybären vorkommen, z.B., wer seinen Teddybären am weitesten werfen kann. Die Gewinnerteddys bekommen neue Schleifen.
- Spielen Sie »Goldlöckchen und die drei Bären« als Theaterstück oder eine Geschichte von »Lars, der kleine Eisbär«.

SPEISEN

Servieren Sie:

- Bärenförmige Plätzchen,
- Honig- und Marmeladenbrote,
- Honigkuchen,
- Milchbrötchen.

ZUM ABSCHIED

Kaufen Sie kleine Plüschbären, Radiergummis oder was auch immer mit Teddybären verziert ist. Es gibt Unmengen kleiner Bilderbücher mit Bärengeschichten ebenso wie die bekannten »Pu der Bär« und »Paddington«.

TORTE

Nehmen Sie für die Teddytorte einen kleinen Kuchen für den Kopf, einen größeren für den Rumpf, Kekse für die Ohren und Löffelbiskuits für Arme und Beine. Glasieren Sie alles gelb oder braun, und verwenden Sie Süßigkeiten für Augen und Nase.

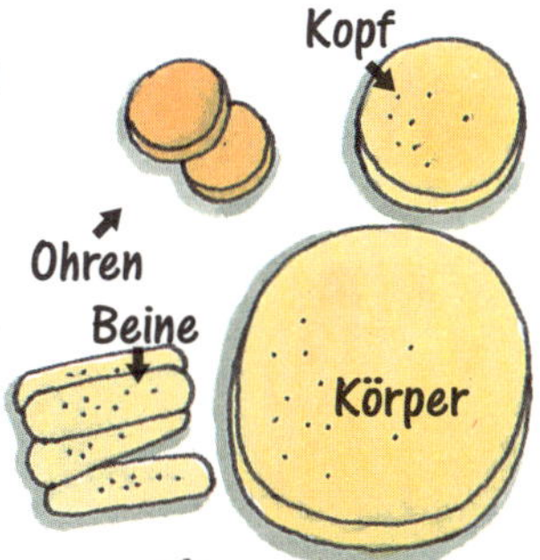

MONSTER

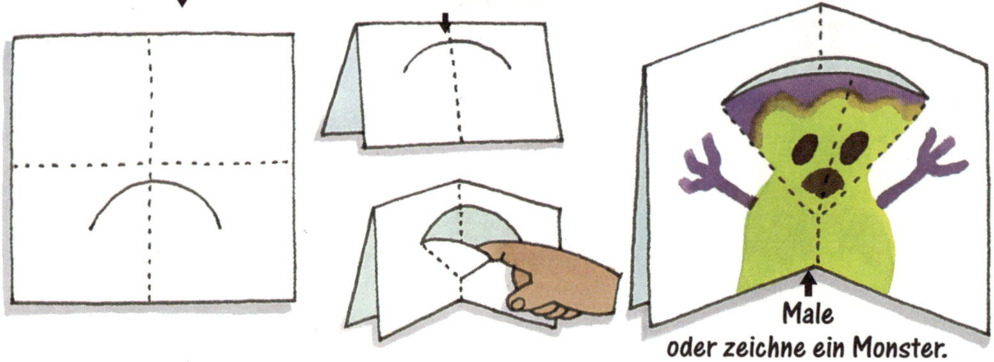

EINLADUNG

Eine einfache Monster-Pop-up-Karte in dunklen und grellen Farben, wie Schwarz, Violett, Giftgrün und Orange ist sehr eindrucksvoll.

VERKLEIDUNG

Tragt Schwarz oder Lila und dazu nach Wunsch Schwänze, Masken, Fühler, Hörner, Umhänge, falsche Nägel und Zähne. Auch grelle Folie, Netz und Pelz eignen sich hervorragend. Schminkt eure Gesichter mit Karnevalsschminke noch gruseliger.

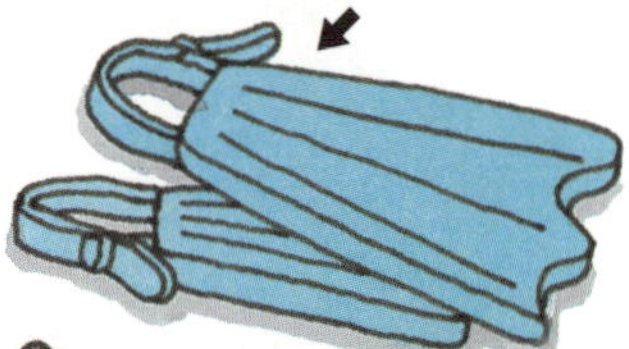

TORTE

Für Monsterkuchen überziehen Sie einen großen Napfkuchen ganz mit grünem Zuckerguß. Verwenden Sie Lakritzstangen für Hände und Mund und Lakritzkonfekt für die Augen.

SPEISEN

Servieren Sie:

• »Ratten« aus Zuckerwerk, • grüne Götterspeise, • kleine »Spinnen«biskuitkuchen mit Lakritz»beinen«, • blaue und helle Weintrauben.

SPIELE

• Verbinden Sie den Kindern die Augen, so daß Sie nur durch Fühlen und Riechen erraten können, was sie gerade anfassen. Verwenden Sie z.B. gekochte Spaghetti.

• Verstecken Sie kleine Gegenstände in Götterspeise, und lassen Sie die Kinder mit verbundenen Augen danach tasten. Ziehen Sie den Kindern vorsichtshalber Schürzen an, und verwenden Sie Plastiktischdecken.

DEKORATION

Hängen Sie Fetzen aus schwarzen Mülltüten und Kreppapier im Zimmer auf. Verhängen Sie die Fenster mit Seidenpapier, aus dem Sie vorher Formen ausschneiden. Sie können auch Spinnennetze aus schwarzer Wolle basteln. Lassen Sie Pappspinnen über dem Tisch herabhängen.

ZUM ABSCHIED

Verschenken Sie Süßigkeiten in Monsterform und schwarze Luftballons. Plastikfliegen und Spinnen kommen bei Kindern immer gut an.

FEEN

EINLADUNG

Schneiden Sie Sterne aus Silber- und Goldpapier aus. Kleben Sie dann Glimmer auf eine Seite, und schreiben Sie den Einladungstext auf die andere Seite.

VERKLEIDUNG

Zieh dir einen Gymnastikanzug oder ein T-Shirt mit einem Tüllrock und weiße Strumpfhosen an.

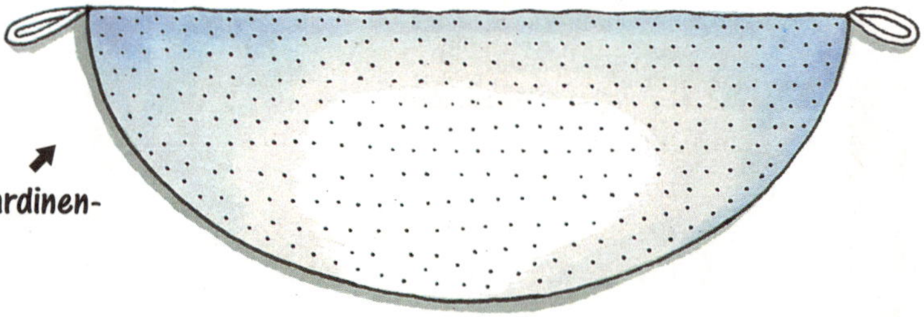

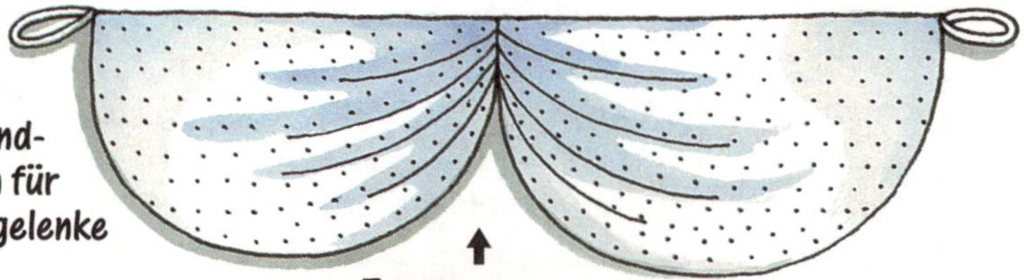

DEKORATION

Hängen Sie Rauschgold an einer Schnur über den Tisch.

Lassen Sie silberne und goldene Sterne und Monde an Fäden von der Decke hängen, oder kleben Sie sie an Fenster und Türen.

SPIELE

- Zu Musik tanzen,
- »Kleb den Stern an den Zauberstab der Fee«,
- Sie könnten auch einen Zauberer für eine Vorstellung engagieren.

SPEISEN

Backen oder kaufen Sie:

- kleine Kekse mit Guß,
- sternförmige, verzierte Kekse,
- Petits fours,
- pastellfarbene, mit Sahne aneinandergeklebte Baisers.

TORTE

Nehmen Sie einen Napfkuchen als Rock, und stecken Sie eine kleine Plastikpuppe bis zur Taille hinein. Basteln Sie Flügel aus Tortenpapier und einen Zauberstab aus einem Zahnstocher und zwei aufeinandergeklebten Sternen.

ZUM ABSCHIED

Füllen Sie Tüten aus Tortenpapier mit in glänzende Metallicfolie eingewickelten Süßigkeiten, kleinen Plätzchen und Döschen mit Glitter.

WELTRAUM

EINLADUNG

Schneiden Sie Raketen oder Planeten aus farbigem Karton.

Schreiben Sie die Daten der Feier mit Silberstift. Dann die Karte bemalen und mit silbernen und goldenen Sternen bekleben.

VERKLEIDUNG

Zieht euch Overalls oder Jogginganzüge an, über die ihr Gürtel schnürt. Näht Abzeichen darauf und tragt einen Helm – entweder einen Motorradhelm, den ihr mit Sternen und Symbolen verziert, oder ihr bastelt einen aus einem Hut oder einer Kappe.

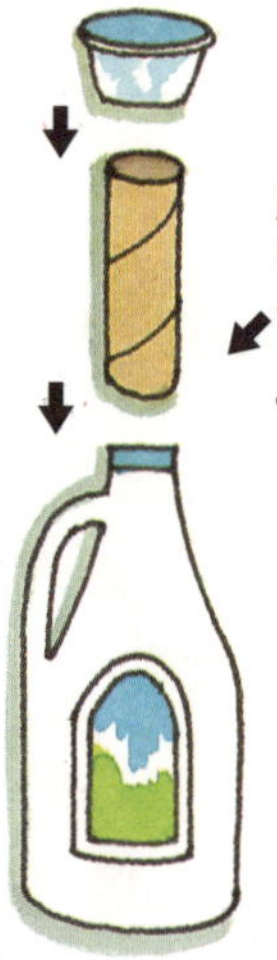

SPIELE

- Spielen Sie »Gib das Weltraumpaket weiter« (ohne es mit den Händen zu berühren). Wickeln Sie den Preis in Silberpapier ein.
- Veranstalten Sie einen Wettbewerb, wer den besten Außerirdischen zeichnen kann.

DEKORATION

Hängen Sie Monde und Sterne aus Alufolie auf. Besprühen Sie Luftballons mit Silberfarbe.

TORTE

Bestreichen Sie einen Napfkuchen mit Buttercreme. Drücken Sie Löcher und Unebenheiten hinein, um Krater darzustellen. Zum Schluß mit Spielzeugfiguren dekorieren.

SPEISEN

Überreichen Sie jedem seine Weltraummahlzeit in einer mit Namen versehenen Schachtel. Packen Sie z.B. ufoförmige Brauseplätzchen und in Folie eingewickelte Butterbrote hinein.

ZUM ABSCHIED

Es gibt viele Süßigkeiten, die sich auf den Weltraum beziehen, z.B. Mars, Milky Way etc. Sie können auch Raketen, Klebesterne, Leuchtsterne oder Bücher über den Weltraum verschenken.

PIRATEN

EINLADUNG

Ein X markiert den Ort, an dem die Party stattfindet. Schneiden Sie aus dickem Papier eine Insel aus, und bemalen Sie eine Seite. Dann schreiben Sie die Daten der Feier auf die Rückseite. Sie können statt dessen auch einen weißen Totenkopf auf eine schwarze Karte malen.

VERKLEIDUNG

Mach dir aus alten Hosen Piratenhosen mit ausgefransten Beinabschlüssen und aufgenähten Flicken. Trage dazu ein gestreiftes T-Shirt und ein gepunktetes Tuch um den Kopf. Du kannst auch einen Piratenhut mit einem Totenkopf basteln.

Als Long John Silver (aus dem Roman »Die Schatzinsel«) hüpfst du auf einem Bein mit einem Holzstock als Krücke. Setz dir einen Spielzeugpapagei auf die Schulter.

DEKORATION

Schneiden Sie aus Papier einen Palmenstamm aus, und versehen Sie ihn mit grünen Papierblättern. Papier- oder Plüschpapagei reinsetzen.

SPIELE

• Bereiten Sie eine Schatzsuche durch Haus oder Garten vor, bei der nach versteckten Schokoladenmünzen gesucht werden soll.

• Erfinden Sie einen einfachen Geheimcode, um Hinweise über den Ort zu verschlüsseln, an dem Sie einen geheimen Schatz »vergraben« haben.

ZUM ABSCHIED

Ein Piratenschatz: Schokoladenmünzen, Spielgeld, Augenklappen, Bonbonketten, Armbänder und Plastikschmuck. Geben Sie diese Schätze in ein kariertes Stück Stoff und binden Sie dieses an einen Stock, den die Kinder mit nach Hause nehmen dürfen.

SPEISEN

Servieren Sie folgendes:

• Basteln Sie Boote aus Brötchenhälften, die Sie mit Frischkäse oder Leberwurst bestreichen und mit Papiersegeln an Partyspießchen dekorieren.

• Plätzchen mit Totenköpfen dekoriert oder in bunte Folie gewikkelt, so daß sie wie Juwelen aussehen.

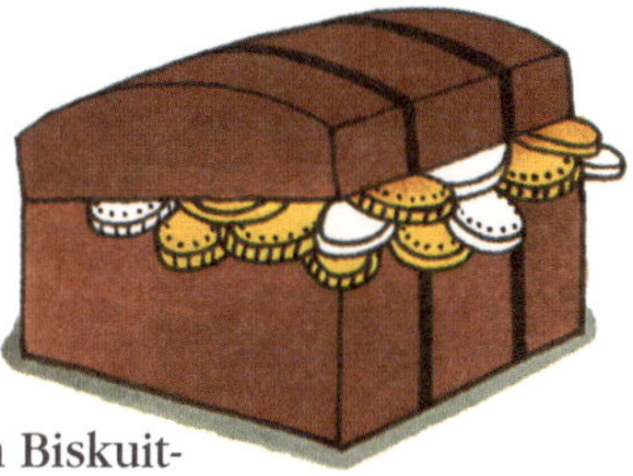

TORTE

Schneiden Sie einen Biskuitkuchen so zurecht, daß er wie ein Schiff aussieht. Bestreichen Sie ihn rundum mit einer braunen Glasur. Basteln Sie Segel und Flaggen, und verwenden Sie Lakritz-Konfektscheiben als Bullaugen.

PÜNKTCHEN

EINLADUNG

Dekorieren Sie einen Kreis aus dickem Papier oder Pappe mit bunten Punkten. Sie können auch die Daten der Feier kreisförmig schreiben.

Dünne Linien mit dem Zirkel ziehen – das macht das Beschriften leichter!

VERKLEIDUNG

Tragt gepunktete Kleidung, oder malt mit Stoffmalfarben viele Punkte auf alte, einfarbige Kleidungsstücke.

Verziere Unikleidung mit selbstklebenden Papierpunkten.

VARIATIONEN

Sie können auch eine Streifenparty feiern oder eine bestimmte Farbe festlegen, in der sich alle kleiden sollen.

DEKORATION

Kleben oder malen Sie Punkte auf Tischdecken, Wände, Pappbecher etc. Große Papierkreise an Bändern werden zur Dekoration aufgehangen. Wenn Sie sich für eine bestimmte Unifarbe entschieden haben, sollte auch die Dekoration auf diese Farbe abgestimmt sein.

ZUM ABSCHIED

Alles Runde oder Gepunktete eignet sich hervorragend, zum Beispiel Smarties, Murmeln, Radiergummikugeln und Pünktchenaufkleber.

SPIELE

• Spielen Sie Flohhüpfen: Eine runde Pappscheibe mit einem kreisförmigen Ziel in der Mitte liegt auf dem Tisch. Wessen »Floh« zuerst dort landet, der ist der Gewinner.

• Die Flöhe sollen mit Hilfe eines Strohhalmes angesaugt und von einer gemeinsamen Schüssel in die eigene transportiert werden. Das Kind, das in fünf Minuten die meisten Flöhe angelt, hat gewonnen.

TORTE

Bedecken Sie einen runden Biskuitboden mit einer Glasur. Verzieren Sie sie dann mit Liebesperlen oder mit Smarties. Stellen Sie um den großen Kuchen herum hübsche kleine Kuchen auf.

SPEISEN

Servieren Sie:

• runde Plätzchen, mit runden Süßigkeiten dekoriert,

• Butterbrote, mit Plätzchenausstechern in Kreisform gebracht.

WEITERE IDEEN

WEIHNACHTSPARTY

Basteln Sie aus grünem Papier tannenbaumförmige Einladungskarten, die Sie mit Lametta bekleben.

- Dekorieren Sie den Partyraum mit Luftballons, Weihnachtsschmuck, Rauschgold, Tannenzweigen und Christsternen.
- Die Kinder verkleiden sich als Nikolaus, Engel, als Weihnachtsbaum (mit Baumschmuck behangen) oder als Weihnachtsgeschenk mit großen roten Schleifen.
- Traditionelles Weihnachtsessen und ein Lebkuchenhaus, das mit Plätzchen, Marzipankugeln und Dominosteinen verziert wird.
- Als kleine Andenken können Sie Papier- oder Stoffstrümpfe mit Nüssen, Weihnachtsgebäck und einem kleinen eingepackten Geschenk verteilen.

SCHWIMMBADPARTY

Für kleine Kinder reicht ein Plantschbecken aus. Sie können mit den Kindern aber auch in ein Schwimmbad gehen, wo sie aber die ganze Zeit über gut beaufsichtigt werden müssen.

- Basteln Sie Einladungskarten in Form eines Schwimmreifens oder eines Fisches. Bitten Sie die Kinder, in Strandkleidung zu kommen oder ihre Badesachen mitzubringen.
- Im Schwimmbad bieten sich Wasserball oder ein Wettschwimmen an. Spielen Sie im Wasser oder auf der Wiese Gummiringweitwerfen.
- Picknicken Sie draußen auf Strandlaken.

Dekorieren Sie einen ovalen Kuchen zu einem Swimming Pool, oder schneiden Sie ihn in die Form eines Fisches. Verwenden Sie Waffeln für die Flossen.

FEUERWERKPARTY

- Schneiden Sie Einladungskarten in Form von Feuerwerkskörpern aus.
- Grillen und essen Sie draußen.
- Servieren Sie gegrillte Kartoffeln, Würstchen und Hamburger, Bratäpfel und Popcorn.
- Helfen Sie den Kindern, Kastanien zu grillen.
- Sie benötigen viele Helfer, um die Feuerwerksveranstaltung zu organisieren und zu beaufsichtigen.
- Geben Sie jedem Kind eine Wunderkerze, so daß es Muster in die Luft malen oder seinen Namen damit schreiben kann.
- Die Torte könnte die Form einer Rakete haben. Stellen Sie eine Biskuitrolle auf eines der Enden, und bestreichen Sie sie mit Glasur. Basteln Sie die Flügel aus Waffeln, und formen Sie die Spitze aus Eiskrem.

WETTKAMPF

Bilden Sie zwei verschiedenfarbige Mannschaften oder eine Pünktchen- und eine Streifenmannschaft.

- Legen Sie schon mit der Einladung fest, zu welcher Mannschaft die Kinder gehören, so daß sie entsprechend gekleidet erscheinen.
- Veranstalten Sie Dreibeinwettlaufen, Schubkarrenrennen, Gummistiefelwerfen und einen Staffelhindernislauf.
- Vergeben Sie Mannschaftspreise. Spielen Sie viele Spiele, damit jede Mannschaft mehrmals gewinnen kann.
- Kuchen und Abschiedsgeschenke sollten »sportlich« sein und zur Mannschaftsfarbe passen.

Party SPEISEN

2. SPEISEN

EINLEITUNG

Partyspeisen sollten originell und leicht zu essen sein. Bereiten Sie einfache, farbige Speisen zu. Wenn Sie die Feier zu einem bestimmten Thema veranstalten, können Sie einen Teil des Essens darauf abstimmen.

Brote, Plätzchen, Götterspeise und Eis sind immer sehr beliebt und werden in diesem Kapitel näher beschrieben; die verschiedenen Unterkapitel liefern Ihnen viele neue und doch einfache Ideen, aus denen Sie auswählen können.

Die meisten Gerichte können im voraus zubereitet und im Gefrierschrank oder luftdicht verschlossen aufbewahrt werden. Gebäck kann am Morgen des »Feiertags« glasiert und dekoriert werden.

Manche Kinder werden so aufgeregt sein, daß sie nicht viel essen können, bereiten Sie deswegen von allem nur kleine Portionen vor. Bieten Sie pikante und süße Speisen gleichzeitig an, um jeder Vorliebe gerecht zu werden. Wenn Sie die Lebensmittel pfiffig arrangieren oder in witzige Formen schneiden, wird dies sicherlich großen Anklang finden.

Sie können auch die Sitzplätze der Kinder am Tisch individuell dekorieren. Halten Sie viele bunte Servietten bereit, denn das meiste wird mit den Fingern gegessen werden.

Die Farbigkeit ist vielleicht das Allerwichtigste bei einer Kinderkaffeetafel. Helle Farben sehen immer schön aus; setzen Sie grelle oder dunkle Farben sehr vorsichtig ein, da sie auch unappetitlich aussehen könnten.

Sie können natürliche Lebensmittelfarben verwenden, wie Rote Beete, Annatto, Riboflavin und Cochenille. Prüfen Sie beim Einkaufen die Bestandteile der Lebensmittel genau, und vermeiden Sie allzuviel künstlichen Farbstoff, Konservierungsmittel sowie Zucker und Süßstoff.

Lassen Sie solche Zutaten weg, die den Kindern im Hals stecken bleiben könnten, z.B. ganze Nüsse. Auch allzu stark gewürzte oder scharfe Lebensmittel sind für Kinder nicht geeignet. Es ist besser, wenn Sie einfache Gerichte zubereiten und sich dann darauf konzentrieren, sie schön zu dekorieren.

TISCHDEKOR

Der Eßtisch ist meist die Hauptattraktion der Party, dekorieren Sie ihn deshalb besonders sorgfältig. Bei einer Themenparty ist die Freude noch größer, wenn Sie die Tischdekoration und einen Teil der Speisen dem Motto anpassen. Wenn Sie zum Beispiel eine Weltraumparty veranstalten, könnten Sie den Tisch und die Teller mit Alufolie bedecken und über der Partytafel Planeten und Monde aus Pappe von der Decke hängen lassen. In jedem Fall sollte die Tischdecke aus einem abwaschbaren Material oder Papier bestehen; halten Sie daher immer reichlich Papierservietten bereit.

Platzdeckchen

Phantasievoll geformte, individuelle Platzdeckchen können Sie aus Tonkarton zurechtschneiden. Verwenden Sie eine Schablone, oder pausen Sie etwas ab. Oder wählen Sie einen passenden Gegenstand aus, um den Sie herumzeichnen. Basteln Sie große Kreise für eine Pünktchenparty oder Zylinder für eine Zirkusparty. Die Kinder können diese zu Beginn des Festes selbst bemalen und dekorieren.

Tischkarten

Um Diskussionen über die Sitzordnung zu vermeiden, ist es sinnvoll, bereits vorher Namenskärtchen aufzustellen. Sicherlich möchte das Geburtstagskind die Namen selbst schreiben und vielleicht sogar das Porträt darauf malen. Schneiden Sie die Karten dem Thema entsprechend zurecht.

Teller und Tassen

Sie können alle Arten von gemusterten Plastik- und Papp-Partytassen und -tellern kaufen. Wenn Sie möchten, können Sie diese aber auch mit selbstklebenden Sternen und Punkten dekorieren. Verwenden Sie für Ihr Geschirr, das ja mit Lebensmitteln in Kontakt kommt, keine Sprühfarbe oder Stifte, denn diese könnten eventuell giftig sein.

Hüte und Masken

Sie können für jedes Kind einen Partyhut oder eine Maske basteln oder kaufen und auf seinen Platz legen. Diese könnten auf das Motto des Festes abgestimmt sein. Kinder spielen auch liebendgern am Tisch mit Partytröten und Luftschlangen.

Der letzte Schliff

Geben Sie biegsame Strohhalme und Papierschirmchen in die Getränke, damit das Ganze noch lustiger aussieht. Spießen Sie Obst- und Käsehäppchen auf Zahnstocher und pieksen Sie sie in halbe Melonen oder Orangen, so daß sie wie Igel aussehen. Dimmen Sie das Licht, bevor Sie mit großem »Trara« den Kuchen mit den angezündeten Kerzen hereintragen.

BELEGTE BROTE

Für Kinder empfiehlt sich dünn geschnittenes Brot. Machen Sie eine ganze Reihe Brote mit unterschiedlichem Belag, der leicht zu identifizieren ist.

Schmieren Sie die Brote am Tag der Party, decken Sie sie gut zu, damit sie nicht austrocknen. Garnieren Sie sie in letzter Minute mit Senf, Kresse und Gurkenscheiben.

Es gibt viele originelle Möglichkeiten, wie Sie die Brote attraktiv servieren können. Versuchen Sie es mal mit verschiedenen Plätzchenausstechern.

BROTRÖLLCHEN

Entfernen Sie die Krusten von Graubrotscheiben. Rollen Sie dann die Scheiben mit Hilfe einer Nudelrolle leicht auseinander, und bestreichen Sie sie dick mit Frischkäse. Legen Sie einen Selleriestengel an den Rand, und rollen Sie das Brot fest auf. Wickeln Sie die Brote bis kurz vor dem Verzehr in Folie ein. Vor dem Servieren in etwa 1 cm dicke Scheiben schneiden.

SCHACHBRETT

Arrangieren Sie kleine Quadrate aus weißem und dunklem Brot zu einem Schachbrettmuster.

CROISSANTS

Croissants können mit süßen oder pikanten Füllungen serviert werden. Sie können auch Brötchen oder verschiedenartige Brote reichen. Fragen Sie in Bäckereien nach Brötchen oder Broten in Tierform.

BELEGTE BROTE

Belegte Brote können in unendlich vielen Varianten zubereitet werden und sehr farbenfroh und appetitlich aussehen. Überladen Sie die Brote nicht, da sonst der Belag beim Essen herunterfallen könnte.

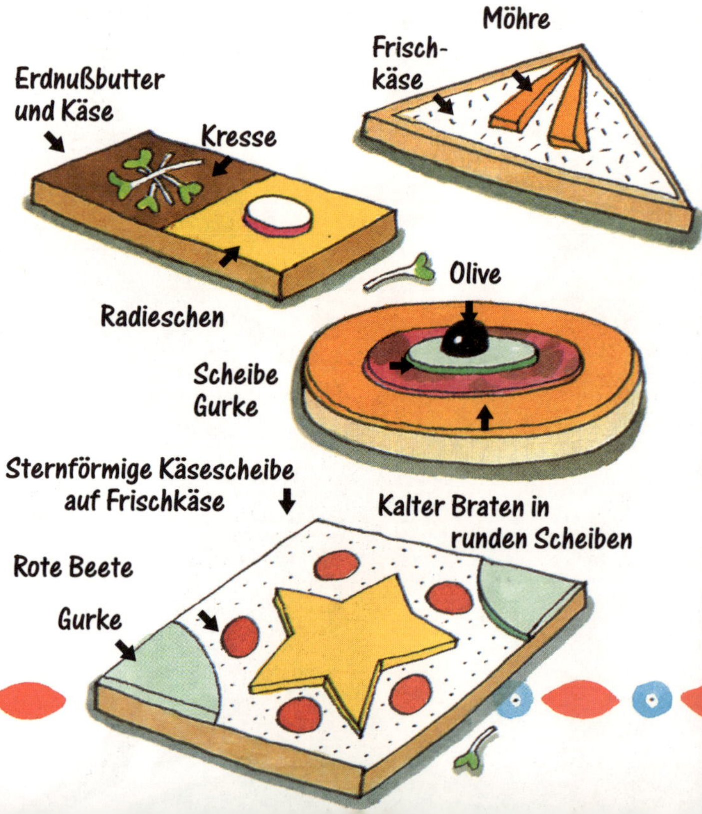

BRÖTCHENBOOTE

Halbieren Sie Brötchen oder kleine Baguettes, und bestreichen Sie sie mit Butter und Aufstrich. Dekorieren Sie sie dann mit Masten aus Partyspießen und Papiersegeln.

FÄHNCHEN

Schneiden Sie beliebige Formen aus Papier und befestigen Sie sie an Zahnstochern, die Sie in die belegten Brote stecken.

EIN HÄUSCHEN AUS BROT

Ein Häuschen aus Brot ist einfach zu basteln und wird zum Blickfang der Tischdekoration. Basteln Sie das Haus aus Brotscheiben, in Quadrate geschnitten und zu einem massiven Block zusammengesetzt. Machen Sie es nicht höher als drei Brotscheiben, da es sonst auseinanderfällt.

Verwenden Sie für den Dachgiebel dreieckige Brotscheiben, buttern Sie das Brot von beiden Seiten, damit die Scheiben aneinanderkleben (Sie können die Konstruktion auch mit Schaschlikspießen verstärken). Basteln Sie die Fenster, Türen etc. aus in Form geschnittenem Gemüse.

PETITS FOURS

Backen Sie lauter kleine Biskuitkuchen. Sie können sie auch einfrieren, wenn Sie sie im voraus zubereiten wollen.

BISKUITKUCHENREZEPT

Für 16 Petits fours brauchen Sie

150 g weiche Butter
  oder Margarine
150 g Zucker
3 Eier
150 g Mehl
2 TL Backpulver

Heizen Sie den Backofen auf 180 °C vor. Geben Sie die weiche Butter und den Zucker in eine Rührschüssel, und schlagen Sie sie mit einem Holzlöffel, bis die Mischung leicht und cremig ist. Schlagen Sie die Eier in einer zweiten Schüssel, geben Sie sie dann langsam zu der Butter-Zucker-Mischung, und verrühren Sie das Ganze, bis es weich ist. Das Mehl mit dem Backpulver in die Mischung sieben und unterrühren.

Geben Sie die Mischung mit einem Löffel in kleine Papierförmchen, und streichen Sie die Oberfläche glatt. Backen Sie die Kuchen 15 bis 20 Minuten, bis sie aufgegangen und goldbraun sind.

SCHOKOLADENCRISPIES

Schokoladencrispies sind bei Kindern sehr beliebt. Sie stellen sie aber auch gerne selbst her. Die Zubereitung ist sehr einfach, weil sie nicht gebakken werden.

Schmelzen Sie einfach etwas Schokolade im Wasserbad, und rühren Sie dann Cornflakes hinein. Füllen Sie sie mit Hilfe von großen Löffeln in Förmchen, und lassen Sie sie auskühlen.

ZUCKERGUSS

Zuckerguß ist einfach herzustellen, und man kann damit wunderbar Kuchen und Plätzchen dekorieren. Sieben Sie Puderzucker in eine Schüssel, und geben Sie schrittweise heißes Wasser hinzu. Verrühren, bis eine weiche Paste entsteht.

Sie können die Glasur mit Lebensmittelfarbe versehen oder eine Schokoladenvariation herstellen, indem Sie ein Viertel des Puderzuckers durch Kakaopulver ersetzen.

Mit Lebensmittelfarbe gefärbterZuckerguß

SCHMETTERLINGSKUCHEN

Backen Sie die Petits fours wie beschrieben. Nach dem Abkühlen vorsichtig ein kleines Loch in die Kuchendecke schneiden und mit Buttercreme füllen. Die abgeschnittene Kuchendecke halbieren und als Schmetterlingsflügel mit den geraden Seiten schräg in die Buttercreme stecken.

Verwenden Sie viele verschiedene Kuchendekorationen und kleine Süßigkeiten zum Verzieren Ihres Gebäcks.

Sie können die Kuchen auch passend zum Motto Ihrer Party dekorieren, indem Sie sie zum Beispiel mit Tier- oder Clownsgesichtern verzieren.

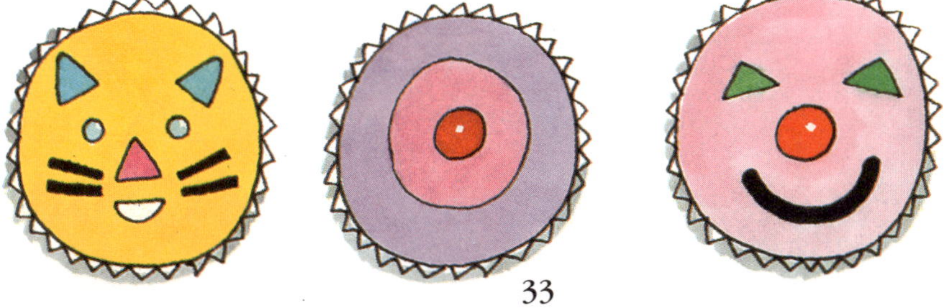

GÖTTERSPEISE

Götterspeise sieht prima aus. Stellen Sie verschiedene Geschmacksvariationen her, und geben Sie doch zur Abwechslung mal Fruchtstückchen hinein oder einen Klecks Sahne obenauf.

In einer Kuchenform hergestellte Götterspeise ist schön anzusehen – bis sie angeschnitten wird.

Rosa Hase auf einer Kuchenplatte mit grünem Götterspeise»rasen«.

GÖTTERSPEISE MIT MILCH

Schmelzen Sie die Gelatine wie üblich und füllen Sie sie dann mit frischer Milch oder Kondensmilch auf. Für eine Schichtspeise füllen Sie eine Hälfte »Wassergötterspeise« in eine Schüssel. Wenn diese fest ist, kommt die zweite Hälfte Götterspeise mit Milch darauf.

ZAUBERHAFTE GÖTTERSPEISE

Man braucht
große Orangen
Götterspeise in verschiedenen Geschmacksrichtungen

Schneiden Sie die Orangen in zwei Hälften, und entfernen Sie vorsichtig das Fruchtfleisch. Stellen Sie die leeren Schalen auf Tabletts. (Verwenden Sie Knetgummikügelchen als Stützen.)

Knetgummi»füße« sorgen für Halt.

Nehmen Sie verschiedenfarbige Götterspeise.

Bereiten Sie dann die Götterspeise zu. Verwenden Sie etwas weniger Wasser als üblich, damit sie auch fest genug wird. Orangenhälften bis zum Rand füllen. Wenn die Götterspeise fest ist, jede Orangenhälfte vorsichtig in drei Spalten schneiden.

Die Orangen sehen nun aus wie echte Götterspeisenfrüchte. Je mehr Farben, um so schöner.

Versuchen Sie, Förmchen in verschiedenen lustigen Formen und Größen zu bekommen.

See aus blauer Götterspeise

Basteln Sie mit Hilfe von Zahnstochern und Papiersegeln Götterspeisenboote.

GESTREIFTE GÖTTERSPEISE

Für den Streifeneffekt füllen Sie verschiedenfarbige Schichten Götterspeise in Gläser. Lassen Sie jede Schicht zunächst gelieren, bevor Sie die nächste Farbe hinzugeben.

GELEESPIESSE

Geben Sie verschiedene Götterspeise in Eiswürfelbehälter, aus denen Sie zuvor die Abtrennungen entfernt haben (oder verwenden Sie andere flache Behälter). Verwenden Sie etwas weniger Flüssigkeit als üblich. Schneiden Sie die Götterspeise in Würfel, und stecken Sie sie auf Spieße.

GETRÄNKE

Wenn Sie originellere Getränke als die üblichen Säfte und Limonaden servieren möchten, finden Sie hier einige einfache Rezepte:

MILCHSHAKE

Man braucht
350 g frische Früchte
2 EL Zucker
1 l Milch
4 Bällchen Vanilleeis

Mixen Sie die Hälfte von allen Zutaten eine halbe Minute lang in der Küchenmaschine, und füllen Sie sie dann in eine Kanne. Anschließend die zweite Hälfte mixen. Dieses Rezept ergibt fast 1,5 Liter leckeren, cremigen Milchshake. Servieren Sie den Shake in schmalen Gläsern mit Strohhalmen.

EISLIMONADE

Füllen Sie Gläser zur Hälfte mit Limonade, und fügen Sie dann Eisbällchen hinzu. Sie können auch Cola oder Kirschlimonade dazu verwenden.

FRUCHTPUNSCH

Mischen Sie Obstsaft mit Limonade. Im Winter können Sie auch einen heißen Punsch aus Johannisbeersaft, Orangensaft und Wasser servieren.

HEISSE SCHOKOLADE

In heißer Schokolade schwimmende Marshmallows sind im Winter ein süßer Hochgenuß. Sie können die heiße Schokolade auch mit Sahne und geriebener Schokolade garnieren oder Liebesperlen darüberstreuen.

SELBSTGEMACHTE LIMONADE

Für eine erfrischende, natürliche Limonade nehmen Sie dieses schnelle und einfache Rezept.

Man braucht
4 unbehandelte Zitronen
75 g Zucker
1,2 Liter kochendes Wasser

Abgeriebene Zitronenschale und Zucker mit kochendem Wasser übergießen und rühren, bis der Zucker sich aufgelöst hat. Ausgepreßten Zitronensaft hinzugeben und in einen Krug sieben. Lassen Sie alles abkühlen. Das Rezept ergibt gut 1,3 Liter.

MAGISCHER TRANK

Wenn die Getränke besonders stark sprudeln sollen, frieren Sie Schokoladenbonbons ein und legen Sie ein paar von ihnen in jedes Glas. Füllen Sie die Gläser dann mit Limonade.

Stecken Sie Orangen- und Zitronenscheiben auf den Rand der Gläser.

Tauchen Sie die Glasränder zuerst in Zitronensaft, dann in Zucker oder Kokos.

Basteln Sie einfachen Strohhalmschmuck. Stecken Sie diesen dann nahe der Spitze auf den Strohhalm.

PIZZEN

Sie können Pizzateig gut im voraus zubereiten und dann einfrieren. Vor dem Backen geben Sie Tomatensauce auf jede Pizza (siehe nachfolgendes Rezept). Der weitere Belag kann von den Kindern dann selbst ausgewählt und aufgelegt werden. Rufen Sie die Kinder dafür zwischen zwei Spielen, damit die Pizza rechtzeitig fertig ist.

PIZZATEIG

Dieses Rezept ergibt zwei Pizzen (10 cm Ø).

Man braucht

150 g Mehl
2 TL Backpulver
Salz und Pfeffer
40 g Butter oder Margarine
50 g geriebenen Käse
3–4 EL Milch

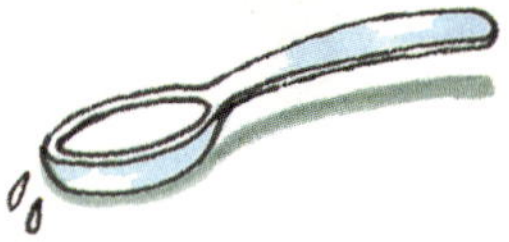

Die Butter bei Zimmertemperatur in kleine Stücke schneiden und mit Mehl, Backpulver und Gewürzen in eine Schüssel geben. Die Mischung kneten, bis sie krümelig ist. Geriebenen Käse und Milch hinzufügen und kneten, bis ein kleiner Teigball entsteht. Den Teig in zwei Hälften teilen und zu zwei 10 cm großen Kreisen ausrollen. Tomatensauce und Belag auf den Teig geben und bei 220 °C die Pizza etwa 15 bis 20 Minuten backen, bis die Ränder goldbraun sind.

Wenn die Kinder selbst die Pizzen belegen, sollte der Teig schon mit der Tomatensauce auf dem Blech liegen. Um Verwechslungen zu vermeiden, müssen die Kinder ihre Pizza entweder mit einem besonderen Erkennungsmerkmal versehen (den Belag als Muster arrangieren), oder sie schreiben ihre Namen auf Backpapierstückchen, die unter die Pizzenränder geklemmt werden.

TOMATENSAUCE

Man braucht

1 kleine Zwiebel
1 kleine Dose passierte Tomaten
1 EL konzentriertes Tomatenmark
Salz und Pfeffer

Passierte Tomaten und Tomatenmark mit einem Schneebesen oder in der Küchenmaschine verquirlen. Kochen Sie diese Mischung zusammen mit der gehackten Zwiebel und den Gewürzen etwa 15 Minuten lang in einer Pfanne. Lassen Sie die Sauce abkühlen, bevor Sie sie auf den Pizzateig geben.

MINIPIZZEN

Ganz Eilige nehmen einfach Toasts statt Pizzateig. Geben Sie wie üblich Tomatensauce und den Belag Ihrer Wahl auf die Toastscheiben.

Hübscher sind allerdings kleine Quiches. Backen Sie hierfür Pizzateig in kleinen Tortelettformen.

Maiskörner
Hier sind einige Vorschläge für Pizzabeläge
Geriebener Käse oder Mozzarellawürfel
Paprikastreifen
Salami oder Wurst
Champignonscheiben
Sardellen
Oliven (ohne Stein)
Thunfisch

OBST

Die meisten Kinder mögen frisches Obst. Am besten ist natürlich hiesiges Obst der Saison, aber Sie können auch Obst aus der Dose oder der Tiefkühltruhe verwenden. Manche Dosenfrüchte werden heutzutage statt in Sirup in ihrem natürlichen Saft angeboten; das ist gesünder.

FRUCHTSPIESSE

Tauchen Sie kleine Früchte, wie Erdbeeren, Weintrauben oder Mandarinenstückchen, zur Hälfte in geschmolzene Schokolade. Warten Sie ab, bis die Schokolade fest geworden ist, und stecken Sie die Früchte vor dem Servieren auf Schaschlikspieße.

BANANEN

Viele Kinder mögen am liebsten Bananen. Wenn Sie die ganzen Bananen in geschmolzene Schokolade tauchen und dann in Liebesperlen wälzen, sehen sie unwiderstehlich aus.

Sie können die Bananen auch in ihrer Schale backen, entweder im Ofen oder in der Glut eines Lagerfeuers, bis die Schale schwarz ist. Schälen Sie die obenliegende Seite der Banane, wenn sie kalt genug ist, und servieren Sie sie dann auf einem Teller mit Sahne und braunem Zucker.

Prüfen Sie, ob die Bananen kalt genug zum Servieren sind.

KARAMELÄPFEL

Man braucht

14 kurze Holzstäbchen
14 mittelgroße Äpfel
700 g braunen Zucker
80 g Butter oder Margarine
2 TL Essig
200 ml Wasser
2 EL hellen Sirup

Stecken Sie je ein Holzstäbchen fest in das Kerngehäuse eines jeden Apfels. Die anderen Zutaten langsam in einem großen, schweren Topf erhitzen, bis sich der Zucker aufgelöst hat. Die Mischung aufkochen und fünf Minuten lang köcheln lassen, ohne umzurühren, bis auf einem Küchenthermometer 140 °C erreicht sind. Wenn Sie kein Thermometer zur Verfügung haben: Ein Tropfen Zuckermischung muß in kaltem Wasser hart werden. Den Topf vom Herd nehmen und kurz in kaltes Wasser stellen, damit die Mischung nicht weiterkocht.

Die Äpfel nacheinander in die Mischung tauchen und über dem Topf drehen, bis er völlig mit Glasur bedeckt ist. Die Äpfel auf Backpapier abkühlen lassen, bis die Glasur fest ist.

OBSTSALAT

Schneiden Sie die Spitze einer Ananas ab, und höhlen Sie die Frucht vorsichtig aus. Fruchtfleisch in Würfel schneiden und mit anderen Früchten mischen. Ananas mit dieser Mischung füllen. Bis zum Servieren im Kühlschrank aufbewahren.

Sie können statt einer Ananas auch eine Melone verwenden.

Geben Sie etwas frischen Orangensaft über den Obstsalat.

Zitronensaft verhindert, daß das Obst braun wird.

Schneiden Sie eine große Frucht oder mehrere kleine Früchte in Würfel. Obst auf Zahnstocher spießen und eine halbe Grapefruit oder Honigmelone damit spikken.

GEGRILLTES

Grillpartys machen immer Spaß, sowohl mittags als auch nachmittags. Im Winter kann das Grillen auch Bestandteil einer Feuerwerksparty sein. Wenn Sie nicht viel vorbereiten möchten, sind Hot dogs und gegrilltes Baguette lecker und einfach. Anschließend können die Kinder Äpfel, Bananen oder Kastanien grillen. Ein Erwachsener muß jedoch immer das Geschehen am Grill beaufsichtigen.

SPIESSE

Schneiden Sie Hühnchen- und Schweinefleisch in Stückchen, und stecken Sie sie abwechselnd auf Schaschlikspieße. Wenn das Fleisch besonders würzig schmecken soll, marinieren Sie es vor dem Grillen einige Stunden (siehe Rezept rechts oben). Fügen Sie Gemüse hinzu, wie Kirschtomaten, Silberzwiebeln und Paprikastückchen, um dem Ganzen ein wenig Farbe zu verleihen.

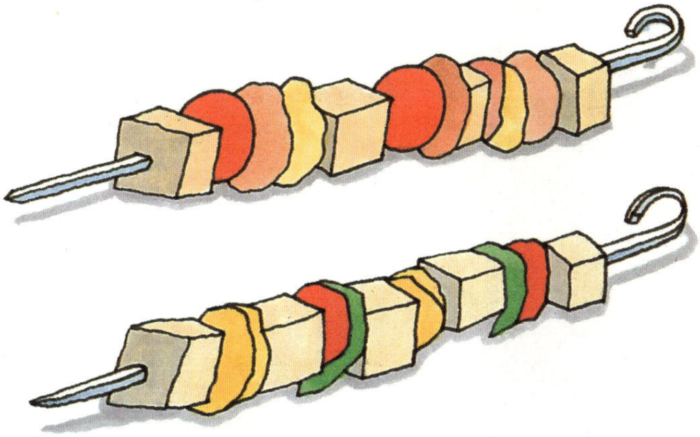

KARTOFFELBOOTE

Schneiden Sie gekochte Kartoffeln in Hälften und höhlen Sie sie aus. Vermengen Sie den Kartoffelbrei mit geriebenem Käse und Butter oder Margarine, und füllen Sie die Kartoffeln wieder damit. Mit Kresse garnieren oder mit Zahnstochern und Käsescheiben Boote daraus machen.

MARINADE mit Honig und Orangen

Man braucht

2 EL klarer Honig
1 EL Worcestersauce
Geriebene Schale und Saft von einer halben Orange
1 EL konzentriertes Tomatenmark
1 EL Sojasoße

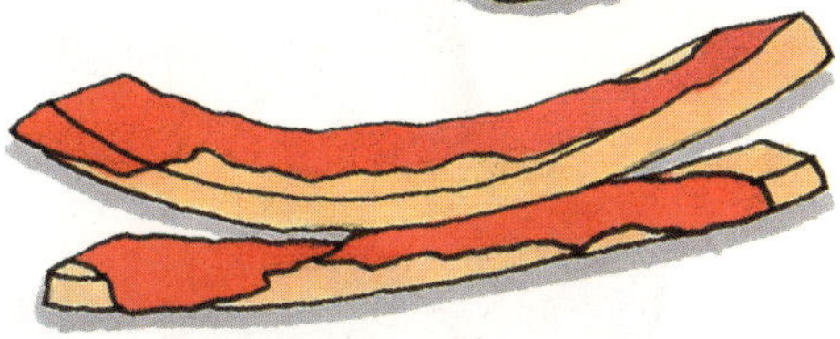

Alle Zutaten in einer Schüssel mischen und Hähnchenflügel oder anderes Fleisch damit bestreichen. Bedecken Sie das Fleisch ganz mit Alufolie, und marinieren Sie es mindestens eine Stunde lang, bevor Sie mit dem Grillen beginnen. Verwenden Sie die übriggebliebene Sauce, um das Fleisch während des Grillens damit zu beträufeln.

FLADENBROTE

Kleine Fladenbrote sind eine gute Alternative zu normalen Brötchen, und die Kinder werden die Abwechslung zu schätzen wissen. Wärmen Sie die Fladenbrote zunächst im Backofen auf, schneiden Sie sie dann an einem Ende auf, und füllen Sie sie mit Salat, Käsescheiben und Hamburgern. Servieren Sie alles in einer Papierserviette.

GRILLSTUBE

Schreiben Sie das Menu auf eine Tafel oder ein Stück Karton, und servieren Sie den Gästen alles mit einem kleinen Ritual von einem langen Tisch (Theke) aus.

Kleine, servierfertig gefüllte Fladenbrote

Kastanien gehören zu jedem Herbstgrillfest. Mit Salz und Butter servieren.

»SCHWEINCHEN IM MANTEL«

»Schweinchen im Mantel« ist eine originelle Art, Würstchen zu grillen. Wickeln Sie einige Schinkenscheiben um jede Wurst, sparen Sie die Enden jedoch aus. Verwenden Sie Zahnstocher zum Fixieren. Legen Sie die Würstchen so auf den Grill.

PLÄTZCHEN

Plätzchen sind sehr beliebt und einfach herzustellen. Ein Tablett voller glasierter und bunt dekorierter Plätzchen in verschiedenen Formen kann das Geburtstagskind gut mit zur Schule nehmen.

BUTTERPLÄTZCHEN

Man braucht (für 20 Stück)
100 g Butter
100 g Zucker
1 Ei
250 g Weizenmehl
die Schale von einer Zitrone, fein abgerieben

Den Ofen auf 180 °C vorheizen. Vermischen Sie die Butter und den Zucker miteinander, bis die Mischung leicht und locker ist. Schlagen Sie dann das Ei hinein. Das gesiebte Mehl und die Zitronenschale unterrühren, bis der Teig fest ist. Kneten Sie den Teig leicht, und rollen Sie ihn etwa 5 mm dick aus. Schneiden Sie die Plätzchen in die gewünschte Form, und legen Sie sie auf eingefettete Backbleche. Backen Sie die Plätzchen, bis sie goldbraun sind (gut 10 Minuten). Die fertigen Plätzchen auf einem Kuchengitter abkühlen lassen.

Stechen Sie vor dem Backen ein kleines Loch oben in die Plätzchen. Wenn sie ganz abgekühlt sind, ziehen Sie Schleifen oder Wollfäden durch die Löcher. Die Plätzchen aufhängen und den Kindern zum Abschied mit nach Hause geben.

GEWÜRZPLÄTZCHEN

Man braucht (für 24 Stück)
300 g Mehl
2 TL Backpulver
1 TL Zimt
100 g brauner Zucker
75 g Butter oder Margarine
1 kleines Ei
50 g heller Sirup

Den Ofen auf 170 °C vorheizen. Sieben Sie das Mehl und den Zimt in eine Rührschüssel, und rühren Sie dann den Zucker unter. Butterflöckchen unter die Mischung kneten, bis sie sehr krümelig ist. Schlagen Sie die Eier in einer zweiten Schüssel, und geben Sie dann den Sirup hinzu. Drücken Sie eine Mulde in die Mehlmischung, und geben Sie das Ei dort hinein. Alles gründlich zu einem großen Teigball kneten. Wickeln Sie den Teig in Frischhaltefolie, und legen Sie ihn für 30 Minuten in den Kühlschrank. Dann wird der Teig ausgerollt, die Formen werden ausgestochen und gebacken wie die Butterplätzchen.

Die Kinder werden Ihnen gerne dabei helfen, die Plätzchen auszustechen und sie mit gehackten Nüssen, Rosinen oder Sesamsaat zu garnieren. Nach dem Backen können Sie die Plätzchen nach Lust und Laune noch mit Glasur, Kuchendekoration und Süßigkeiten verzieren.

Verwenden Sie das Gewürzplätzchenrezept zur Herstellung von Lebkuchenfiguren, und schreiben Sie mit Glasur die Namen der Gäste darauf.

Einige Plätzchen können zur Hälfte in geschmolzene Schokolade getaucht werden.

Gestalte die Plätzchen mit Kuchendekor und Süßigkeiten.

Arrangieren Sie viele verschiedene Plätzchen auf einem Teller.

Backen Sie Plätzchen, die zum Motto Ihrer Party passen.

EIS

Die meisten Kinder lieben Eis. Egal, ob Sie Eis selbstmachen oder kaufen: Wenn Sie eine Sauce dazu reichen, wird die Begeisterung noch größer sein. Die folgenden Saucen können ein paar Tage im voraus zubereitet und im Kühlschrank aufbewahrt werden.

KARAMELSAUCE

Man braucht
250 ml Sahne
100 g Butter
150 g braunen Zucker

Alle Zutaten in einer schweren Pfanne leicht erhitzen und umrühren, bis sich der Zucker aufgelöst hat. Die Mischung aufkochen und zwei Minuten lang zu Sirup einkochen. Schmeckt heiß oder kalt.

EISBECHER

Stellen Sie verschiedene Sorten Eis, die Saucen und soviel zum Garnieren, wie Sie möchten, auf den Tisch, damit sich die Kinder ihre eigenen »Spezialbecher« zusammenstellen können. Ein wildes Gematsche sollte vermieden werden, aber decken Sie trotzdem den Tisch und die Umgebung sorgfältig ab. Sie können auch einzelne Eisbällchen in Dessertschalen geben und zu Gesichtern oder Tieren dekorieren.

SCHOKOLADENSAUCE

Man braucht
150 g geraspelte
Zartbitterschokolade
50 g Zucker
250 ml Milch

Alle Zutaten zusammen in einem großen Topf im Wasserbad langsam erhitzen. Rühren Sie dabei ständig um, bis der Zucker sich aufgelöst hat. Dann die Sauce drei weitere Minuten erhitzen. Sie ist sowohl heiß als auch kalt ein Hochgenuß.

HIMBEERSAUCE

Man braucht
150 g Himbeeren
75 g Zucker

Die Himbeeren waschen und mit einem Holzlöffel durch ein Sieb passieren. Den Zucker in die Himbeermasse geben und verquirlen, bis sich der ganze Zucker aufgelöst hat. Servieren Sie die Sauce heiß oder kalt.

MARSRIEGELSAUCE

Für eine besonders schnelle und leckere Sauce schmelzen Sie langsam einen Mars-Riegel mit etwas Milch in der Pfanne.

Papierschirmchen geben das gewisse Etwas.

Servieren Sie die Zutaten in kleinen Schüsseln oder auf Untertassen mit jeweils einem Löffel darin.

Obststückchen, frisch oder aus der Dose

Schokostreusel

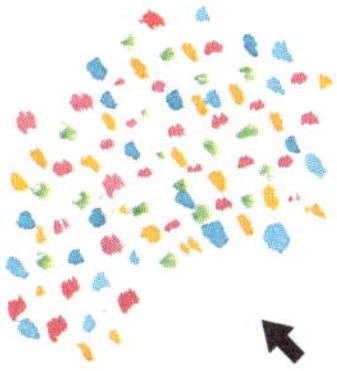

Liebesperlen

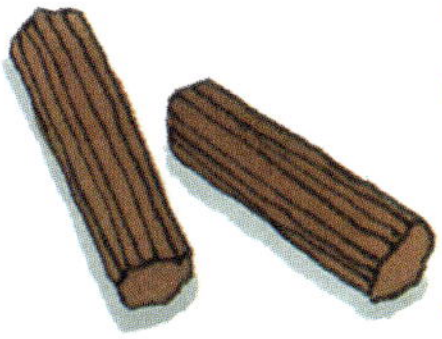

Schoko-stäbchen

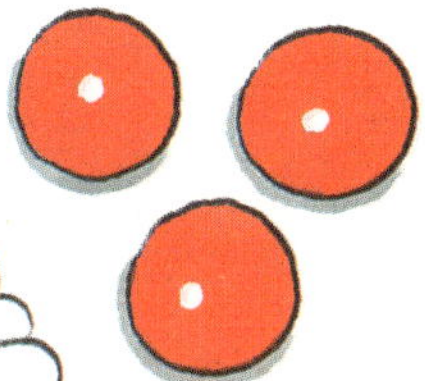

Kandierte Kirschen

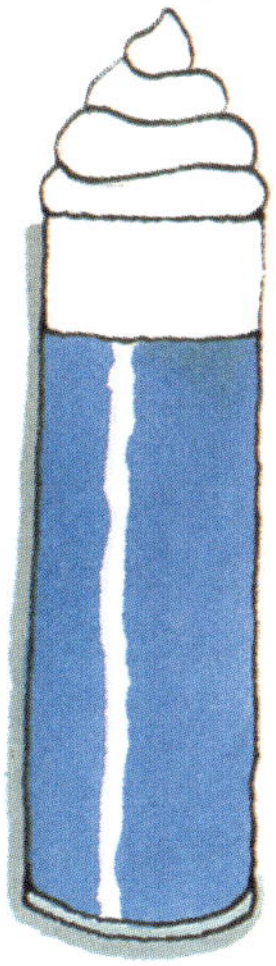

Fertige Sprühsahne – das geht am einfachsten.

Schokoladentropfen

Gehackte Nüsse

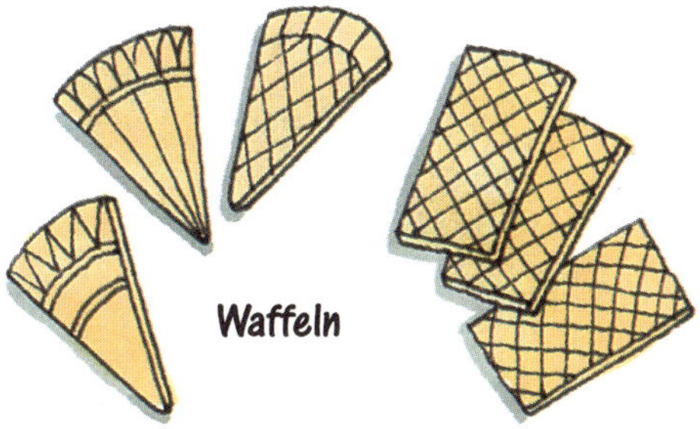

Waffeln

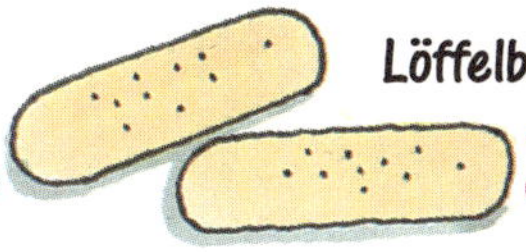

Löffelbiskuits

Verwenden Sie dicke Gläser oder Dessertschälchen, wenn Sie keine Eisbecher haben.

SALATE

Manche Kinder essen nicht so gerne Salat und Gemüse. Achten Sie deshalb darauf, die Rohkost besonders originell und ansprechend anzurichten. Dekorieren Sie alles mögliche mit Gemüsestückchen.

GEMÜSE

Schneiden Sie leuchtend buntes Gemüse, wie Paprika, Möhren und Tomaten, in verschiedene Formen, und verwenden Sie sie zum Garnieren von Sandwichtellern. Sie können auch Gemüsespießchen machen, indem Sie die Gemüsestückchen auf Zahnstocher stecken.

GEMÜSESPIESSE

In Form geschnittenes Gemüse und kleine Gemüsesorten, wie Radieschen, sehen sehr hübsch aus, wenn man sie abwechselnd auf Gemüsespieße steckt.

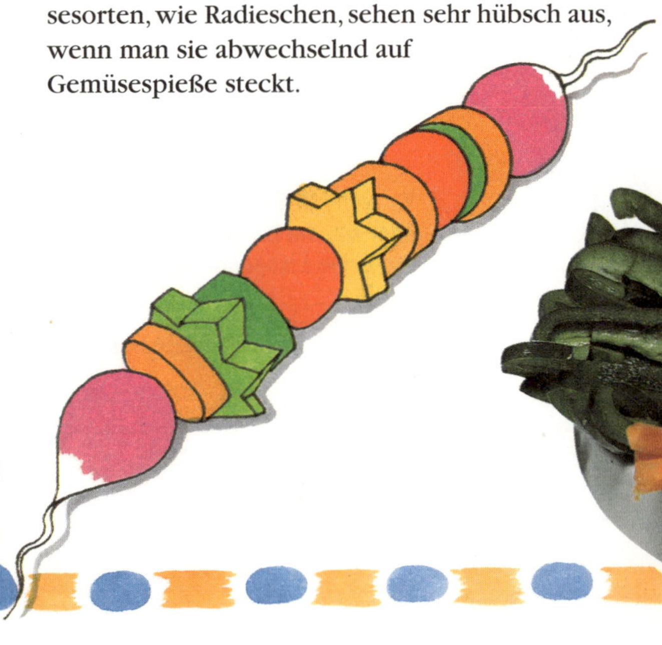

TOMATEN

Höhlen Sie Kirschtomaten aus, und füllen Sie sie mit Frischkäse. Es kommt sicherlich gut an, wenn Sie die Tomaten in witzigen und interessanten Mustern auf die Teller legen; formen Sie zum Beispiel das Alter des Geburtstagskindes damit.

GEMÜSEDIPS

Schneiden Sie Möhren, Salatgurken, Zucchini und Sellerie in dünne, schmale Streifen, und servieren Sie sie mit einem Dip. Vermeiden Sie hierfür alle scharfen oder stark gewürzten Zutaten. Mischen Sie doch mal Schmelzkäse oder Erdnußbutter mit Joghurt, oder Tomatenketchup mit Mayonnaise.

Party TORTEN

3. TORTEN

EINLEITUNG

Falls Ihnen einmal die Tortenideen für Kinderfeste ausgehen – oder wenn Sie nicht genau wissen, wie Sie eine besonders originelle Torte herstellen sollen –, dann hilft Ihnen dieses Kapitel. Die Rezepte sind grundsätzlich alle einfach gehalten, und die ausführlichen Illustrationen erklären Ihnen jeden Handgriff genau. Ihre Kinder werden Ihnen sicherlich gerne beim Backen und Dekorieren helfen – und vor allem natürlich beim Probieren.

Das einfache Grundrezept für Biskuitkuchen auf Seite 52 zeigt Ihnen Schritt für Schritt, wie Sie lustige und attraktive Torten herstellen können; und zwar nicht nur für Geburtstage, sondern auch für andere festliche Anlässe.

Zu jeder Grundidee werden jeweils mehrere Variationen vorgestellt. Während Sie den Anweisungen folgen, bekommen Sie sicherlich Lust, eigene Vorstellungen einzubringen.

Das Kapitel enthält außerdem zahlreiche Tips und Tricks für die Dekoration und Verzierung Ihrer Torten. Verwenden Sie hierzu Marzipanrohmasse, Zuckerguß oder Buttercreme und kleine Extras wie Waffeln, Süßigkeiten und im Handel erhältlichen Kuchendekor. Nehmen Sie keine ganzen Nüsse und harten Süßigkeiten, die im Hals der Kinder steckenbleiben könnten.

Viele der Torten passen gut zu einem speziellen Motto. Für eine Weltraumparty bietet sich die Raketentorte an; für eine Zirkusparty backen Sie am besten die Clowntorte.

Zum Färben von Marzipanrohmasse und Zuckerguß sollten Sie möglichst natürliche Lebensmittelfarbe verwenden. Schauen Sie sich beim Einkaufen nach alternativen Angeboten um, und überprüfen Sie die Inhaltsstoffe sorgfältig. Annatto, Riboflavin, Cochenille und Rote Beete sind natürliche Lebensmittelfarbstoffe.

Am Ende dieses Kapitels finden Sie noch einige weitere Ideen zum Ausprobieren. Für die vielen Kindergeburtstage, die noch vor Ihnen liegen, stellen Sie sich am besten gleich einen »Partyordner« zusammen, in dem Sie Rezepte und Ideen aus Zeitschriften sammeln und eigene Erfahrungen hinzufügen.

GRUNDREZEPTE

Man braucht
2 Springformen (20 cm Ø)
150 g weiche Butter oder Margarine
150 g Zucker
3 kleine Eier
150 g Mehl
2 TL Backpulver

1 Heizen Sie den Backofen auf 180 °C vor. Butter und Zucker in einer Schüssel mit einem Holzlöffel zu einer cremigen Masse verrühren. Fügen Sie die schaumig geschlagenen Eier unter ständigem Rühren nach und nach hinzu.

2 Mehl und Backpulver auf die Mischung sieben und vorsichtig unterheben. Die Masse muß leicht und locker sein. Die Form einfetten und mit Mehl bestäuben. (Alternativ können Sie auch einen Löffel Öl mit einem Pinsel in der Backform verstreichen.) Tiefe Kuchenformen können mit Backpapier ausgelegt werden. Den Teig auf beide Formen verteilen und glattstreichen.

3 Wenn der Kuchen braun und aufgegangen ist, ist er fertig. Zum Test stechen Sie mit einem Holzstäbchen in die Mitte des Kuchens. Er ist gar, wenn kein Teig daran haften bleibt. Lösen Sie den Kuchen aus der Form, und lassen Sie ihn auf einem Kuchengitter gründlich auskühlen.

Variationen

Schokoladenkuchen: Verrühren Sie 25 g Kakaopulver mit etwas heißem Wasser zu einer Paste (oder schmelzen Sie die gleiche Menge Schokolade im Wasserbad). Vermischen Sie die Kakaomasse mit der schaumigen Butter-Zucker-Mischung.

Orangen- oder Zitronenkuchen: Geben Sie etwas abgeriebene Zitrusfruchtschale und eventuell auch einen Spritzer Zitronensaft in die Kuchenmischung.

Marmorkuchen: Teilen Sie den Teig in zwei gleichgroße Hälften. Verrühren Sie 25 g Kakaopulver mit etwas heißem Wasser, und ziehen Sie die Kakaomasse unter einen Teil des Teigs. Geben Sie die beiden Mischungen löffelweise abwechselnd in die Kuchenform.

Buttercreme

Mit Buttercreme können Tortenböden zusammengesetzt und Oberflächendekorationen gestaltet werden. Nehmen Sie jeweils ein Drittel Butter und zwei Drittel Puderzucker. Rühren Sie den Puderzucker nach und nach unter die Butter. Falls die Masse zu dick wird, geben Sie etwas Milch hinzu. Verstreichen Sie die Creme mit einem warmen Messer, oder spritzen Sie sie mit einem Spritzbeutel auf die Torte. Wenn Sie es weniger süß mögen, können Sie auch eine Creme aus Frischkäse, Zitronen- oder Orangensaft und Honig zubereiten.

Marzipanrohmasse

Marzipan eignet sich sowohl zum Dekorieren von Torten als auch zum Modellieren von Formen und Figuren. Rollen Sie die Masse in der gewünschten Dicke aus. Bestreuen Sie das Nudelholz jedoch zuvor mit Puderzucker, damit das Marzipan nicht daran kleben bleibt. Bestreichen Sie den Kuchen vor dem Überziehen mit Marmelade, weil so das Marzipan besser hält. Nehmen Sie zum Modellieren die Hände. Überziehen Sie auch die Verbindungsstellen; wenn nötig, mit Wasser etwas verkleben. Um einen Napfkuchen zu überziehen, rollen Sie die Masse kreisrund aus und formen sie dann über dem Kuchen aus. Decken Sie die überschüssige Marzipanmasse ab, da sie sonst austrocknet.

Zuckerguß

Zuckerguß ist sehr einfach herzustellen und läßt sich gut verteilen. Sieben Sie 150 g Puderzucker in eine Schale, und rühren Sie soviel heißes Wasser ein, bis der Guß glatt und dickflüssig ist.

Dekoration

Hierfür eignet sich alles mögliche: Silberkügelchen, Zuckerblumen, verschiedene Süßigkeiten, getrocknetes und frisches Obst. Aus Marzipanrohmasse lassen sich zusätzlich interessante Muster und Figuren formen.

Für Oberflächenmuster drücken Sie unterschiedlich geformte Gegenstände in die Masse.

Glasuren oder Marzipan können Sie mit etwas Lebensmittelfarbe färben oder das Marzipan zum Schluß mit dem Pinsel bemalen.

Für »Haare« oder »Äste« drücken Sie etwas Marzipanmasse durch eine Knoblauchpresse.

TORTENFORMEN

Durch Abwandlung oder Kombination der Basisformen (mit Marmalade oder Buttercreme verbinden) können Sie unendlich viele Torten kreieren.

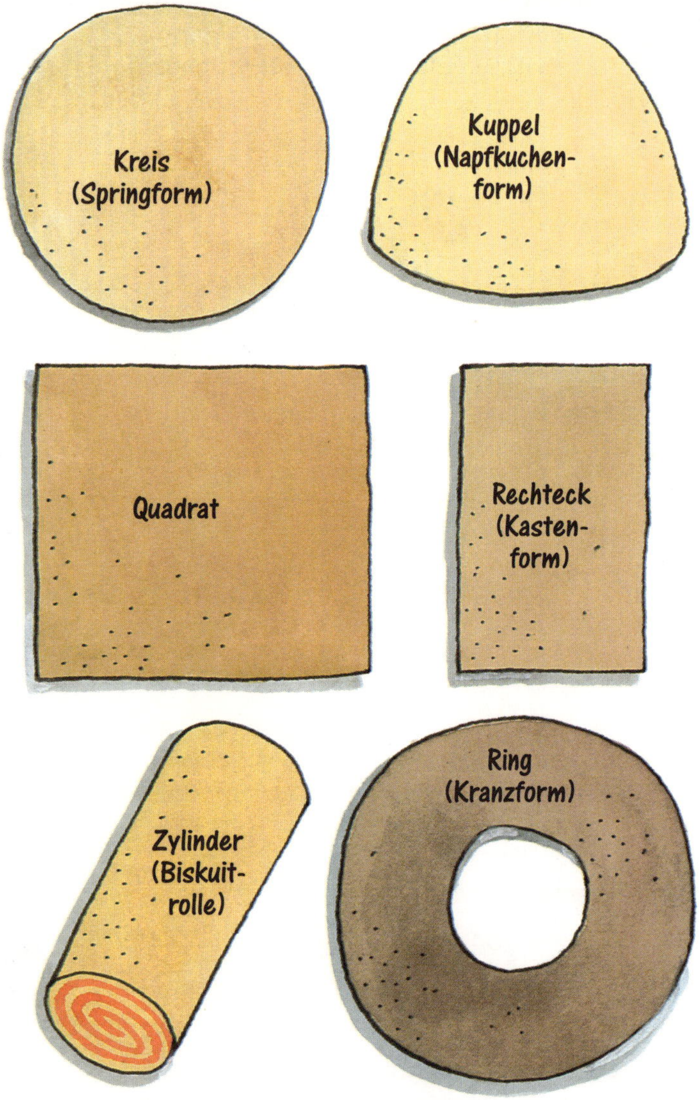

Kleine Kuchen, Plätzchen, Eishörnchen und Waffeln sind ideal für Details wie Ohren und Arme.

Hier sind zwei einfache Modelle für zusammengesetzte Biskuitböden:

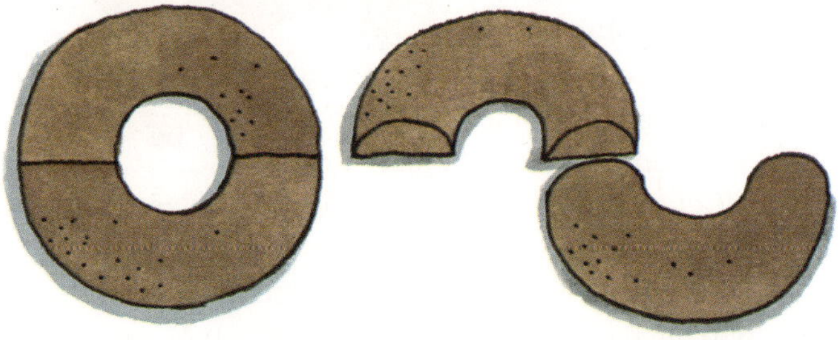

MONSTERTORTE

Halbieren Sie einen Kranzkuchen, und setzen Sie die Stücke dann zu einem Schlangenmonster zusammen.

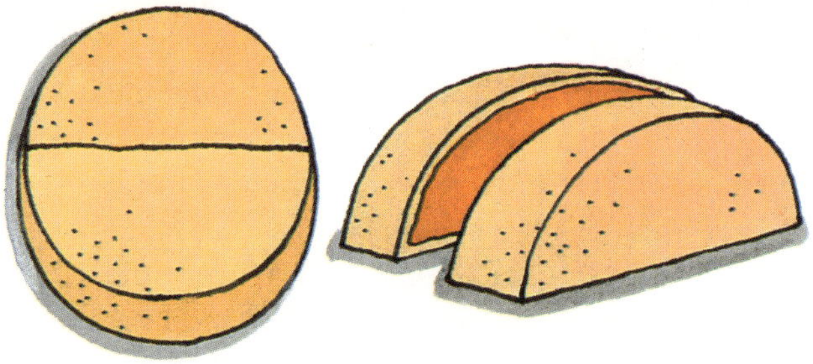

REGENBOGENTORTE

Halbieren Sie einen runden Biskuitboden, und kleben Sie die beiden Halbkreise zusammen. Mit Marzipan, Buttercreme oder bunten Zuckerblumen die Farbe aufbringen.

ZIFFERNKUCHEN

Mieten, leihen oder kaufen Sie Kuchenformen, und dekorieren Sie diese mit entsprechend vielen Objekten.

Mit Ausstechern können Sie aus der Marzipanrohmasse Formen für die Verzierung stechen.

Wählen Sie einfache Formen und klare Farben.

Witzig sind z.B. Haifischflossen.

Verwenden Sie die Formen als Kerzenständer.

Schwimmbecken

Stimmen Sie die Torte auf das Motto ab. Glasieren Sie eine einfache Form, und setzen Sie Figürchen darauf.

Schokoladenstäbchen mit grünem Marzipan ergeben schöne Bäume.

Fußballfeld

Die Dekorationen bis zum Schluß in einer Dose aufbewahren.

Schreiben Sie mit Pinsel und Lebensmittelfarbe Wünsche darauf.

Schlittschuhläufer

CLOWN

Man braucht

1 kleinen Kuppel-
kuchen
(300 ml)

1 großen Kuppel-
kuchen (600 ml)

500 g Marzipan-
rohmasse

2 Löffelbiskuits

1 Eishörnchen

Lebensmittelfarbe

Süßigkeiten/Kuchen-
dekoration

1 Färben Sie 300 g Marzipanmasse, rollen Sie sie aus, und umwickeln Sie Körper und Arme damit. Rollen Sie dann 100 g helle Marzipanmasse aus, und überziehen Sie damit Kopf und Hände. Drücken Sie nun Kopf und Arme an den Körper.

2 Verzieren Sie den Clown, indem Sie Süßigkeiten und Kuchendekoration in die Marzipanmasse drücken. Vergessen Sie Nase und Augen nicht. Für den Mund können Sie einen Streifen Lakritze nehmen.

3 Für die Haare färben Sie den Rest der Marzipanmasse orange, und schneiden Sie sie in Fransen. Drücken Sie sie vorsichtig am Kopf fest. Schneiden Sie das Eishörnchen so zurecht, daß es auf den Kopf paßt, und verwenden Sie es als Hut.

HEXE/ZAUBERER

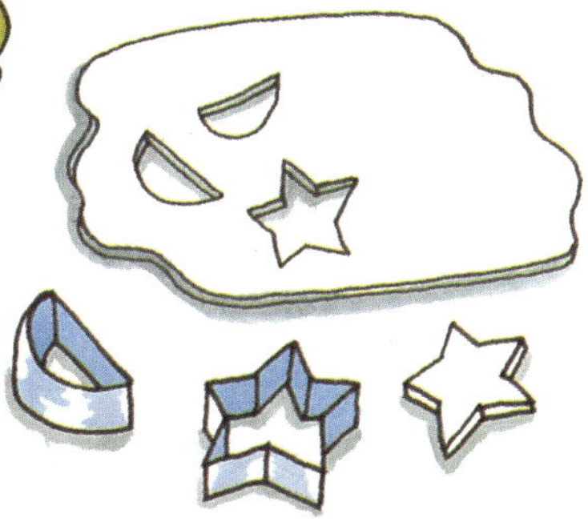

Mit Plätzchenformen können Sie als Dekoration Figuren aus der Marzipanmasse stechen.

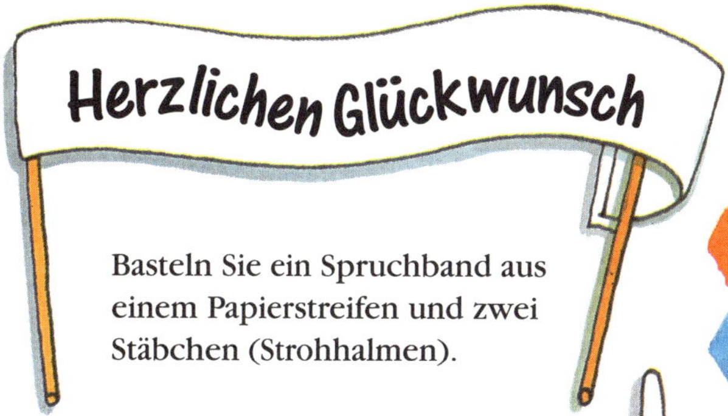

Basteln Sie ein Spruchband aus einem Papierstreifen und zwei Stäbchen (Strohhalmen).

Überziehen Sie den Clownhut mit Marzipan, und verzieren Sie ihn.

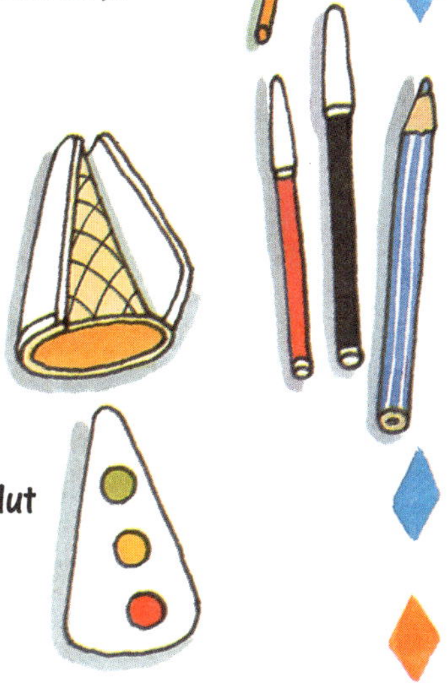

Sie können auch einen gekauften Hut verwenden.

BURG

Man braucht
3 Biskuitböden
(18 cm × 18 cm)
4 Biskuitröllchen
1000 g Marzipan-
rohmasse
Lebensmittelfarbe
Lakritze
Marmelade

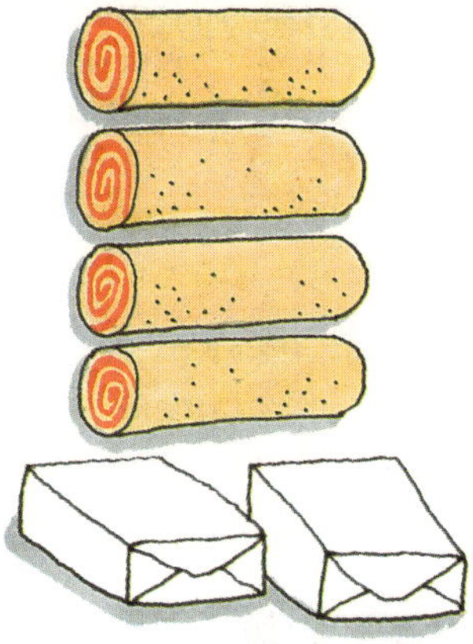

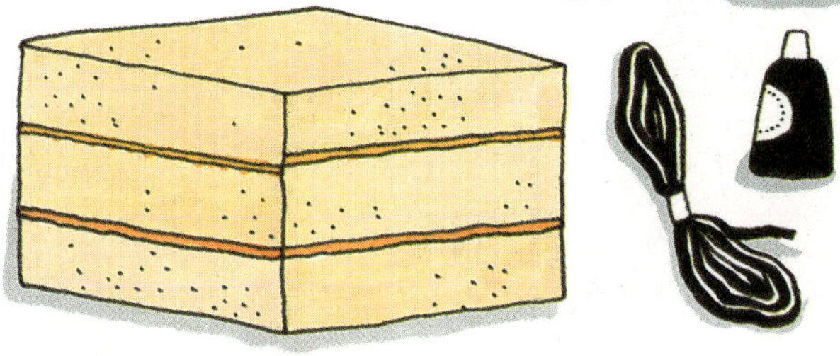

1 Die eckigen Böden mit Marmelade aufeinander festkleben. Aus jeder Ecke eine Rundung ausschneiden. Marzipanmasse einfärben, zur Hälfte ausrollen und das Schloß damit überziehen.

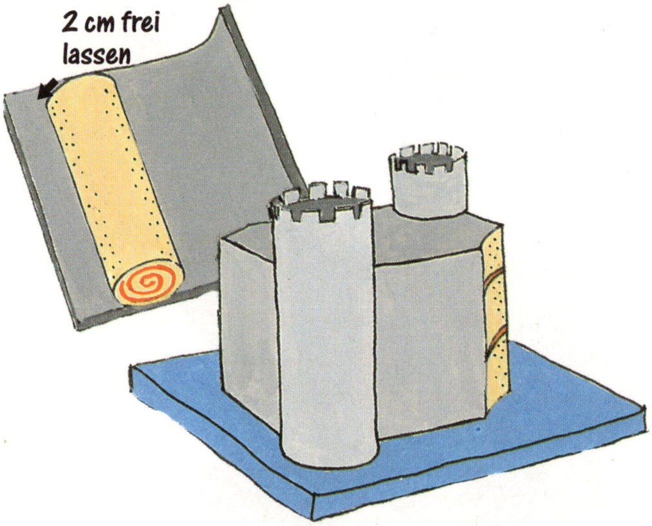

2 Für die Türme rollen Sie die Marzipanmasse so groß aus, daß die Biskuitrollen hineinpassen und am oberen Rand 2 cm überstehen. Schneiden Sie »Zinnen« in diesen Rand. Dann die Biskuitrollen darin einschlagen und an das Schloß kleben.

3 Für die Fenster und eine Ziehbrücke sollten Sie Lakritzstreifen zurechtschneiden und diese mit Marmelade rundum am Schloß festkleben.

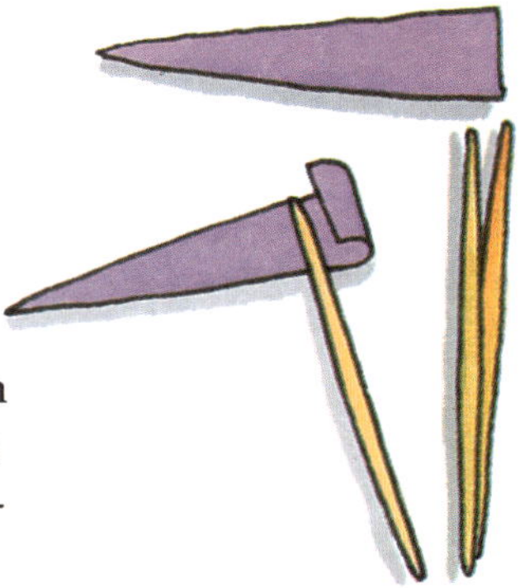

Als I-Tüpfelchen basteln Sie nun noch Fähnchen aus Papier und Zahnstochern.

MÄRCHENSCHLOSS

Bauen Sie das Schloß wie die Burg, und setzen Sie dann mit Zuckerguß überzogene Eishörnchen oben auf die Türme. Verzieren Sie das Schloß überall.

Kleine Spielzeugritter passen gut dazu.

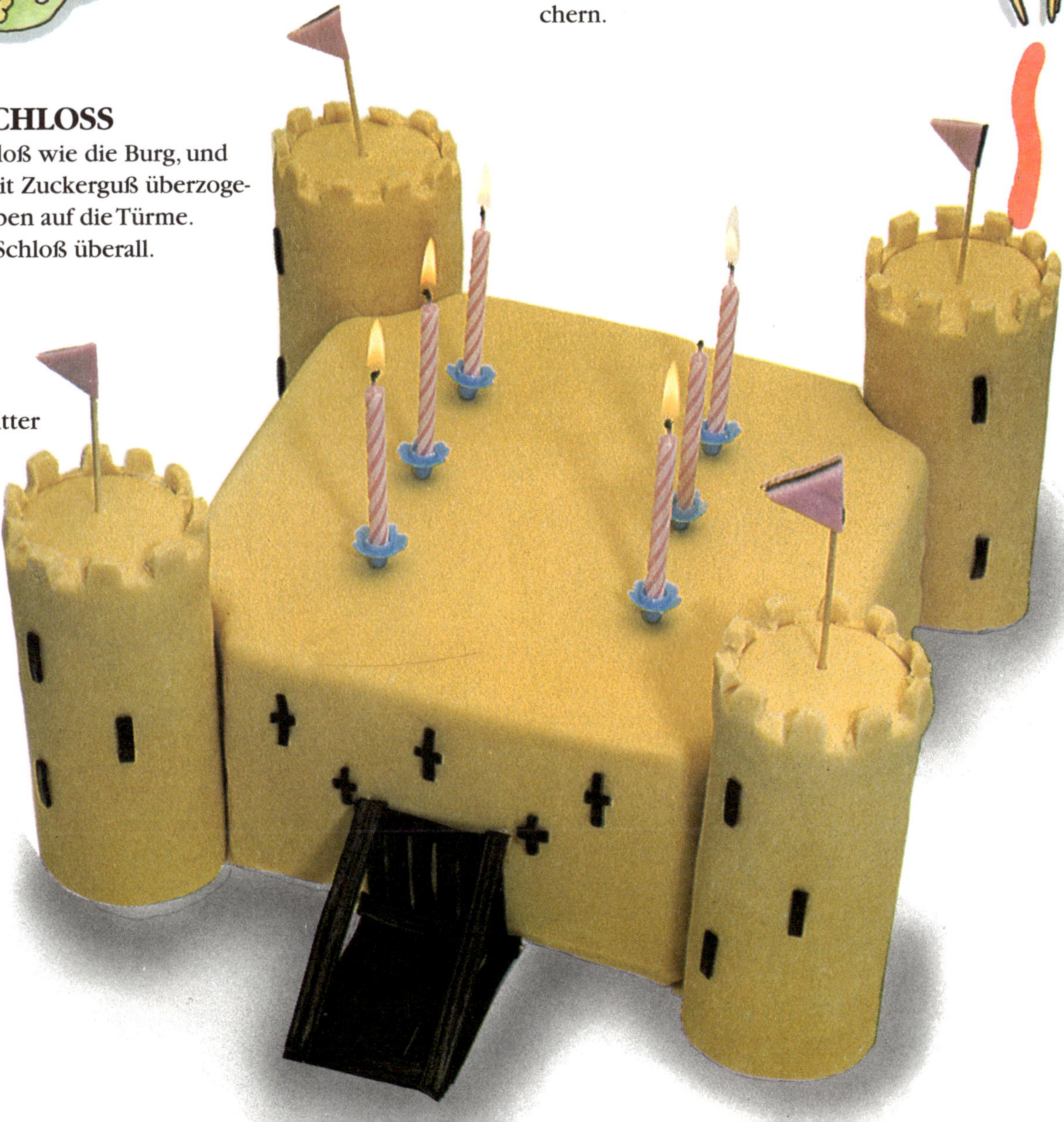

HASE

Man braucht
1 kleinen Kuppelkuchen (300 ml)
1 großen Kuppelkuchen (600 ml)
2 Löffelbiskuits
200 g Buttercreme
Schlagsahne
braune oder schwarze Lebensmittelfarbe
Lakritzschnüre

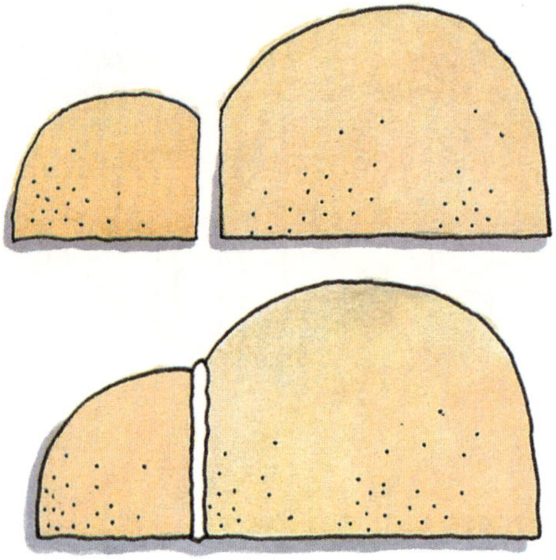

1 Schneiden Sie von beiden Kuchen ein kleines Stück ab, und setzen Sie das große und das kleine Stück an der Schnittfläche mit etwas Buttercreme zusammen.

2 Färben Sie eine Hälfte der Buttercreme dunkel. Verteilen Sie beide Farben mit einem Messer oder einem Spritzbeutel auf dem Hasen. Bestreichen Sie auch die Löffelbiskuits mit Buttercreme, und drücken Sie sie als Ohren an den Kopf.

3 Gestalten Sie das Gesicht des Hasen mit Süßigkeiten. Machen Sie ihm vor dem Servieren noch einen Schwanz aus Schlagsahne.

Für einen Geburtstag können Sie auch Kerzchen auf den Rücken des Hasen stellen. Zur Abrundung könnten Sie außerdem eine Karotte aus Marzipan formen und neben den Hasen legen.

KATZE

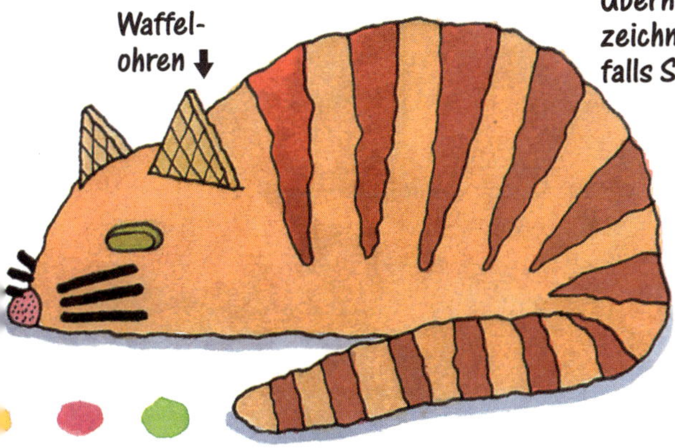

MAUS

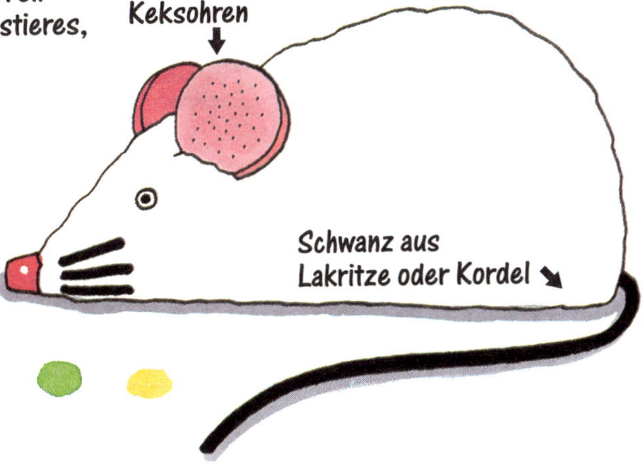

TEDDYBÄR

Man braucht
2 runde Biskuitböden
4 kleine Biskuitrollen
250 g Buttercreme
etwas Marzipanrohmasse
gelbe und rote
Lebensmittelfarbe
Süßigkeiten

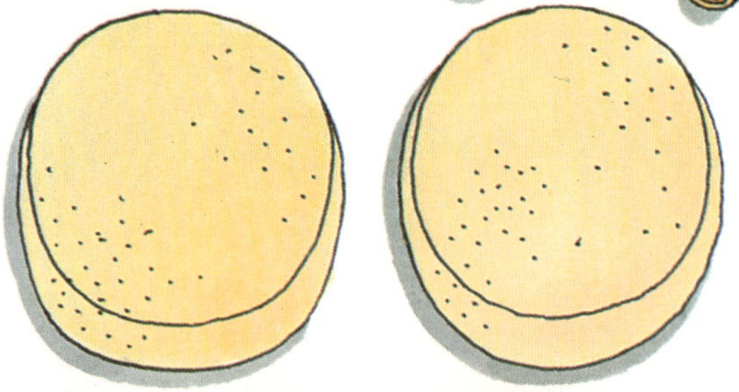

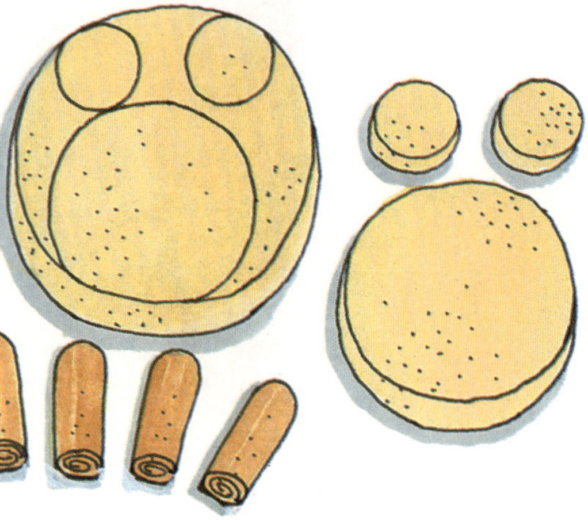

1 Schneiden Sie aus einem der Böden einen großen Kreis für den Kopf des Teddys und zwei kleine für die Ohren.

2 Ordnen Sie alle Körperteile auf einem Blech an, und kleben Sie sie mit Buttercreme aneinander. Färben Sie den Rest der Creme ein, und verteilen Sie sie mit einem Messer oder mit einem Spritzbeutel über den ganzen Körper.

3 Drücken Sie Augen, Nase und Mund aus Süßigkeiten oder Marzipan auf das Gesicht. Färben Sie etwas Marzipan ein, schneiden Sie eine Fliege daraus, und verzieren Sie sie mit kleinen Silberkügelchen.

SONNE

Runder Kuchen mit Löffelbiskuits und Waffeln

MARIENKÄFER

Fühler und Punkte sind aus Lakritz

PANDABÄR

Fertigen Sie den Teddy wie beschrieben, und überziehen Sie ihn dann mit schwarzem und weißem Marzipan.

Setzen Sie Kerzchen als Knöpfe auf Teddys Bauch.

RAKETE

Man braucht
1 Biskuitrolle
1 Waffelhörnchen
6 Eiswaffeln
500 g Marzipan-
rohmasse
Lakritzkonfekt
blaue Lebensmittelfarbe
etwas Zuckerguß
Kerzen und
Kerzenhalter

1 Teilen Sie die Marzipanmasse in zwei Hälften, und kneten Sie etwas Lebensmittelfarbe unter die eine Hälfte. Rollen Sie die Masse 3 mm dick aus. Rollen Sie dann die andere Hälfte aus.

2 Umhüllen Sie das Waffelhörnchen vorsichtig mit dem blauen Marzipan. Schneiden Sie je eine Ecke aus den Eiswaffeln. Schlagen Sie die Biskuitrolle in das helle Marzipan, und drücken Sie es an den Enden gut an.

3 Setzen Sie nun die Rakete zusammen. Zuerst kommt die Biskuitrolle hochkant auf einen Teller. Drücken Sie die Waffeln in gleichmäßigen Abständen am unteren Ende fest. Das Eishörnchen setzen Sie oben drauf.

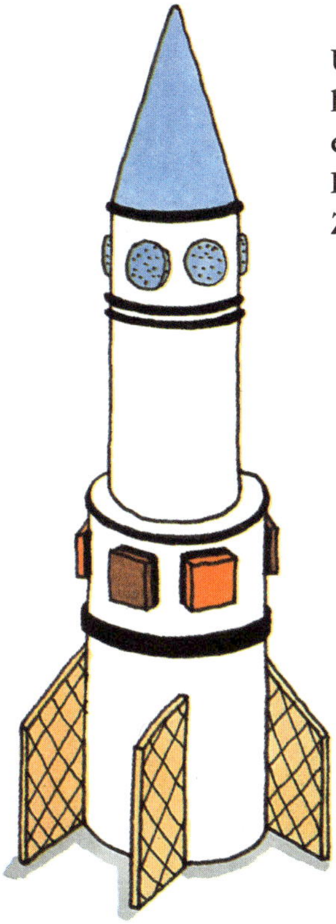

Um einen größeren Kuchen herzustellen, kleben Sie einfach noch eine kleinere Biskuitrolle mit etwas Zuckerguß obenauf.

Wenn Ihnen die Rakete und die Kerzen wackelig erscheinen, befestigen Sie sie mit Zuckerguß auf der Unterlage.

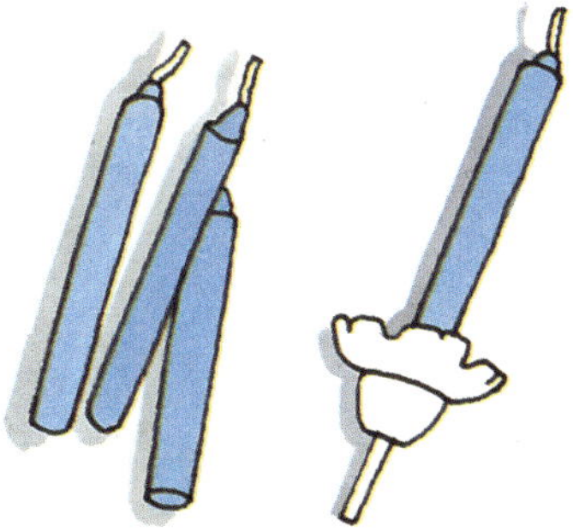

Setzen Sie die Kerzen in die Halter, und arrangieren Sie sie dann – in Süßigkeiten gesteckt – um die Rakete herum.

SCHMETTERLING

Man braucht

1 marmorierten, run den Biskuitboden
500 g Marzipan-rohmasse
2 Löffelbiskuits
3 verschiedene Lebensmittelfarben
Süßigkeiten, Lakritze und Kuchen-dekoration

1 Schneiden Sie den Boden in der Mitte durch, und legen Sie die beiden Hälften Rücken an Rükken aneinander. Schneiden Sie die Löffelbiskuits so zurecht, daß sie zusammen die Form eines Schmetterlingskörpers ergeben.

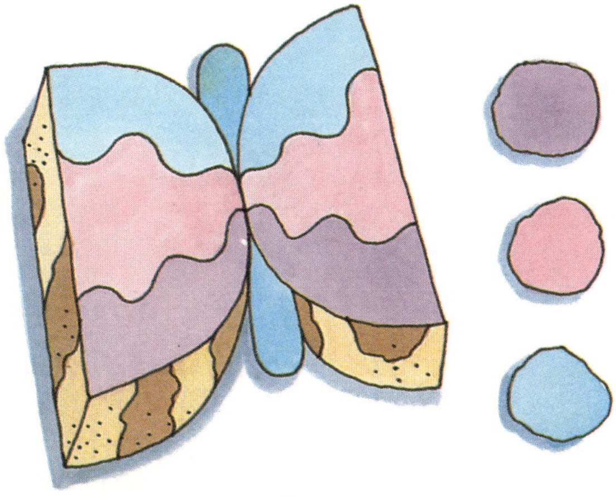

2 Teilen Sie die Marzipanmasse in drei gleiche Teile, und färben Sie sie, indem Sie jeweils etwas Lebensmittelfarbe unterkneten. Rollen Sie sie dann aus, und bedecken Sie den Kuchen und die Löffelbiskuits damit.

3 Verzieren Sie den Schmetterling hübsch mit Süßigkeiten und Kuchendekoration. Verwenden Sie Lakritzschnüre für die Fühler.

FLEDERMAUSKUCHEN

Wenn Sie möchten, können Sie den Flügeln mit Lakritzschnüren noch mehr Kontur geben.

Gehen Sie hier ähnlich vor wie bei dem Schmetterling. Verwenden Sie einen marmorierten Biskuitboden und einen Löffelbiskuit. Schneiden Sie drei halbrunde Einbuchtungen in den geraden Rand der beiden Kuchenhälften. Legen Sie sie so zusammen, daß sie wie Flügel aussehen, und überziehen Sie alles mit einer schwarzen Glasur. Formen Sie die Ohren aus Marzipan und die Augen aus Süßigkeiten.

DINOSAURIER

Man braucht
2 runde Biskuitböden
2 Löffelbiskuits
200 g Buttercreme
3 Eiswaffeln
Süßigkeiten
Lebensmittelfarbe

Kleben Sie die Biskuitböden mit Buttercreme zusammen.

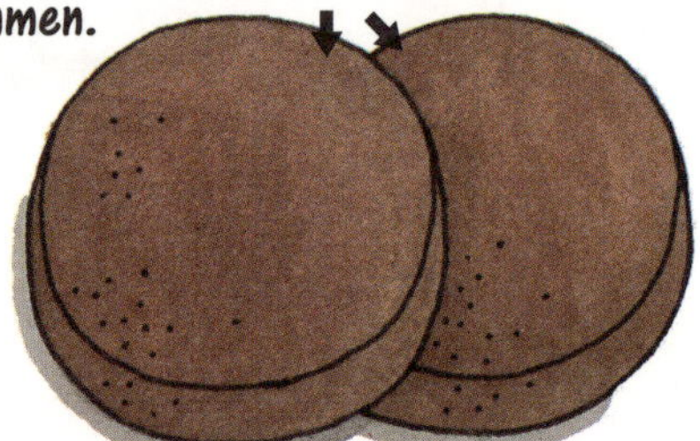

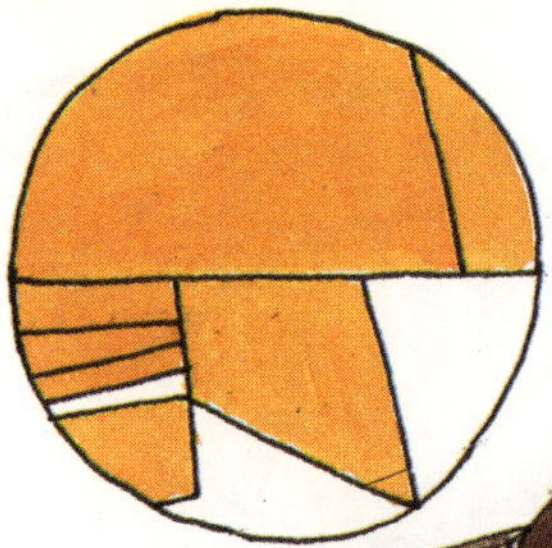

Zerschneiden Sie den Kuchen wie angegeben. Setzen Sie die Stücke in numerischer Reihenfolge zusammen.

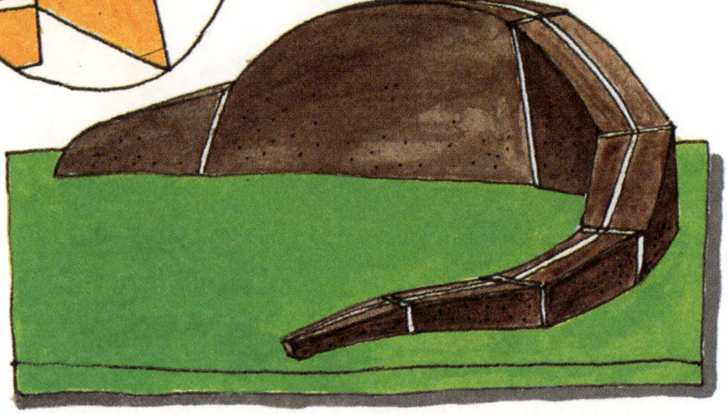

1 Zerschneiden Sie den Kuchen wie in der Skizze angegeben, und setzen Sie die Stücke auf einem Tablett zu einer Dinosaurierform zusammen. Verbinden Sie die Einzelteile mit Buttercreme.

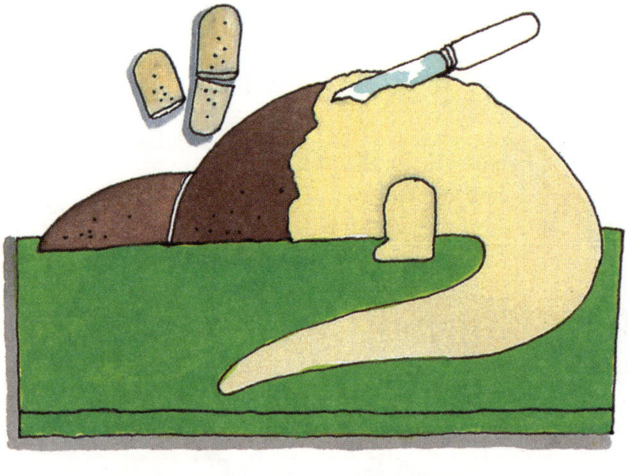

2 Bestreichen Sie den ganzen Dinosaurier großzügig mit Buttercreme. Schneiden Sie die Löffelbiskuits in der Mitte durch, setzen Sie sie als Füße an, und bestreichen Sie sie ebenfalls mit Buttercreme.

3 Schneiden Sie die Eiswaffeln in je drei dreieckige Stücke, und stecken Sie sie in einer Reihe auf den Rücken des Dinosauriers. Verzieren Sie den Körper mit Süßigkeiten, und nehmen Sie zwei Bonbons o.ä. für die Augen.

Formen Sie kleine Bäume aus grünem Marzipan und Schokoladenstäbchen.

WAL

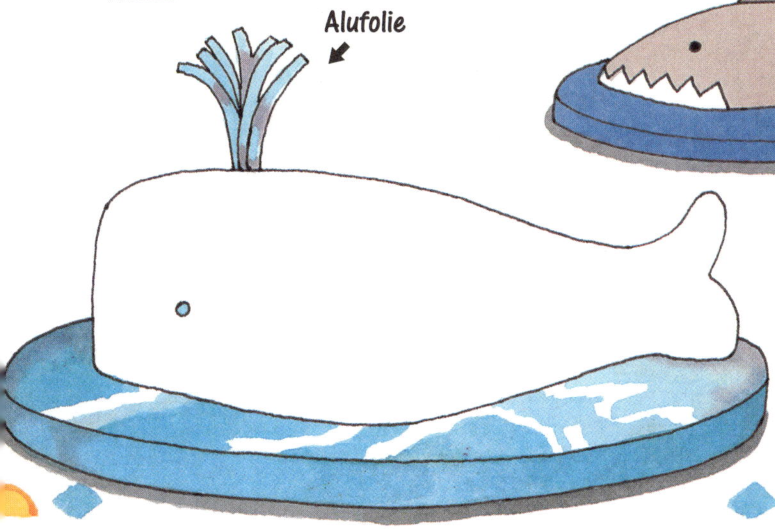

HAI

SCHNEEMANN

Haie, Wale und Schneemänner sind leicht herzustellen.

AUTOBUS

Man braucht
2 Kastenkuchen à 500 g
oder 1 Kastenkuchen
à 1 kg
2 Biskuitrollen
500 g Marzipanrohmasse
rote und schwarze
Lebensmittelfarbe
Süßigkeiten
Marmelade

1 Schneiden Sie von einem kleinen Kuchen ein Viertel ab, und setzen Sie dann beide Kuchen mit Marmelade aufeinander. Schneiden Sie aus den Biskuitrollen ein Stück heraus (s. Abb.), und setzen Sie sie als Räder unter den Bus.

2 Färben Sie 300 g der Marzipanmasse rot, rollen Sie sie aus, und überziehen Sie den Bus damit. 100 g schwarz färben, ausrollen und die Räder damit bedecken. Aus der verbleibenden hellen Masse einen Streifen für die Fenster ausschneiden.

3 Kleben Sie Lakritzkonfekt als Radkappen und Scheinwerfer an. Wenn Sie noch etwas Marzipan übrig haben, schneiden Sie Fahrgäste aus, färben Sie sie mit Lebensmittelfarbe, und drücken Sie sie dann auf die Fenster.

LKW

Sie können verschiedene Arten von Fahrzeugen herstellen, indem Sie die Form des oberen Teils verändern. Wenn Sie z.B. den oberen Kuchen noch kleiner schneiden, entsteht ein Lastwagen. Stellen Sie kleine Säckchen mit Süßigkeiten oder Rosinen auf die Ladefläche.

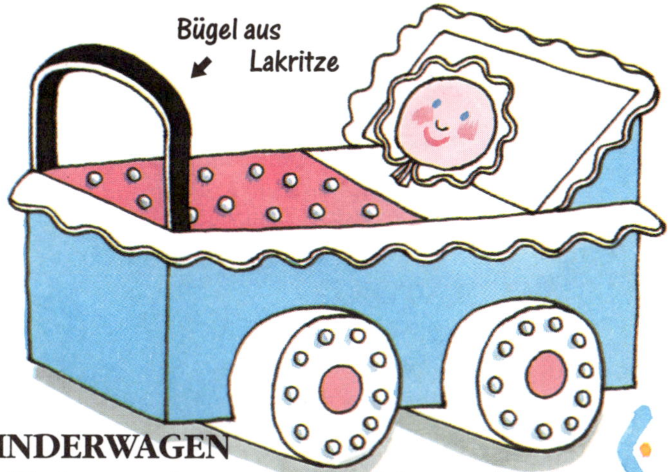

KINDERWAGEN

Ein Kinderwagen ist genauso einfach herzustellen. Verzieren Sie ihn mit Silberkügelchen und mit Marzipanrüschen.

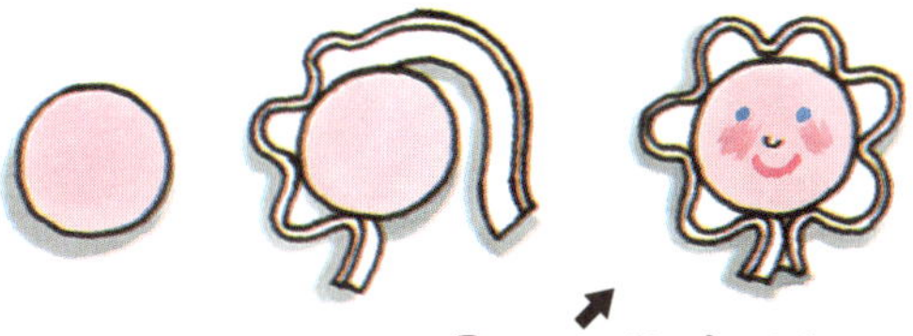

Formen Sie Gesichter aus Süßigkeiten und Marzipanstreifen.

WEITERE IDEEN

Hier sind noch drei weitere Kuchen, die unkompliziert in der Herstellung sind.

RAUPENTORTE

Man braucht
eine große Biskuitrolle

KÄSETORTE MIT MÄUSEN

Setzen Sie zwei Viertel eines runden Biskuitbodens mit Buttercreme aufeinander. Drücken Sie mit dem Stiel eines Holzkochlöffels vorsichtig »Löcher« in den gelben Marzipanüberzug.

EISENBAHNTORTE

Verwenden Sie für diese Torte kleine Biskuitrollen.

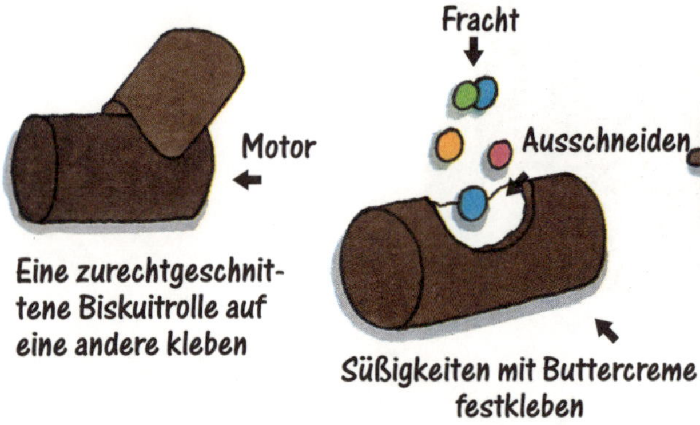

Party SPIELE

4. SPIELE

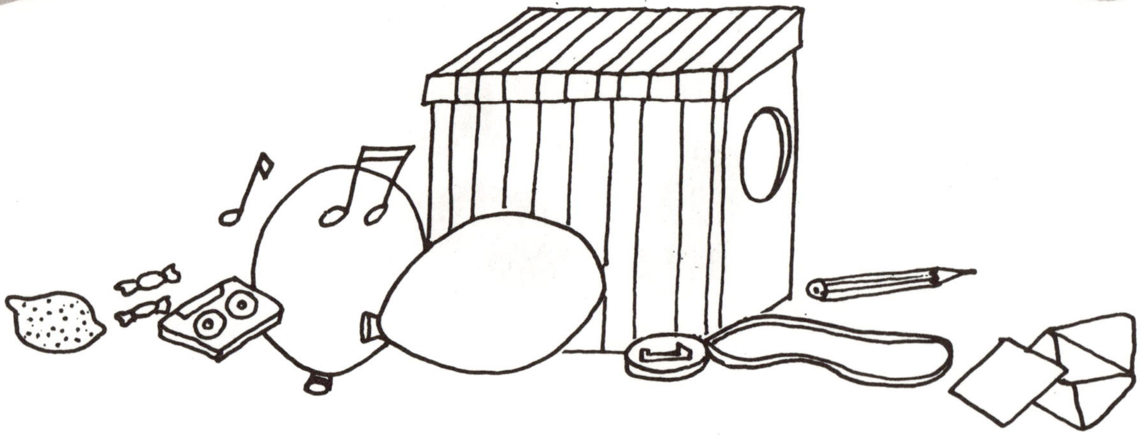

EINLEITUNG

Die Spiele sind vielleicht das Wichtigste bei einem Kinderfest. Dieses Kapitel stellt alle Arten von Spielen vor – einige werden Sie als Variationen von traditionellen Spielen wiedererkennen, während andere Ihre Phantasie anregen wollen. Basteln Sie originelle Requisiten für die Spiele, die zum Thema Ihrer Party passen.

Kinder müssen ihre Energie loswerden, wollen laufen und herumspringen, deshalb sind Wettkämpfe und Spiele zu Musik besonders sinnvoll. Schaffen Sie im Haus etwas Platz, wenn Sie nicht draußen feiern können.

Es ist am besten, wenn Sie schnelle, laute und leise Spiele abwechselnd spielen.

Deshalb werden Sie auch Spiele mit Stift und Papier und Ratespiele in diesem Kapitel finden, die immer sehr beliebt sind. Basteln und Malen kommen ebenfalls nicht zu kurz, denn die Kinder können die selbsthergestellten Requisiten hinterher in einem Spiel verwenden.

Einige Spiele eignen sich eher für jüngere Kinder, andere eher für ältere Kinder; die meisten von ihnen sprechen jedoch alle Altersklassen an, weil die Grundregeln sehr einfach gehalten sind. Wenn Sie viele Gäste eingeladen haben, dann bieten sich Mannschaftsspiele an, die so richtig für Stimmung sorgen.

VORBEREITUNG

Bereiten Sie sich gut auf die Party vor. Für einen reibungslosen Ablauf wäre es günstig, wenn noch weitere Erwachsene für die Vorbereitungen und die Durchführung der Spiele zur Verfügung stünden. Machen Sie sich einen Zeitplan: Beginnen Sie die Party mit Spielen, essen Sie in der Mitte der Veranstaltung, dann haben Sie anschließend noch Zeit für weitere Spiele. Bei trockenem Wetter wird natürlich draußen gespielt. Wenn Sie im Haus feiern, räumen Sie im größten Zimmer die Möbel zur Seite, und bringen Sie alles Kostbare in Sicherheit.

ABWECHSLUNG

Spielen Sie mit den Kindern abwechselnd aktive und ruhigere Spiele. Wenn ein Spiel den Kindern ganz besonders viel Spaß bereitet und es nicht allzuviel Aufwand erfordert, zum Beispiel Wettkämpfe oder Tanzen, dann wiederholen Sie dieses Spiel ruhig öfter. Direkt nach dem Essen empfiehlt sich ein Spiel im Sitzen, damit den Kindern vom Herumrennen nicht schlecht wird.

EINE LISTE

Machen Sie sich eine Liste mit allen Spielen, die Sie mit den Kindern spielen möchten, am besten bereits in der beabsichtigten Reihenfolge. Teilen Sie die Liste dann in zwei Teile – die erste Hälfte für Spiele, die Sie vor dem Essen spielen wollen, und die zweite Hälfte für nach dem Essen. Bereiten Sie immer mehr Spiele vor als nötig, denn es ist schwierig vorherzusehen, wie lange die einzelnen Spiele dauern werden. Probieren Sie jedes neue Spiel vorher aus, um zu sehen, daß es auch funktioniert.

REGELN

Welches Spiel Sie auch immer spielen, halten Sie die Regeln einfach, und erklären Sie sie am Anfang gut. Berücksichtigen Sie bei der Auswahl der Spiele das Alter und das Geschlecht Ihrer kleinen Gäste. Für was auch immer Sie sich entscheiden, kleine Mädchen und Jungen können sehr hartnäckig ein bestimmtes Spiel ablehnen.

MITMACHEN

Es kommt recht häufig vor, daß eines der Kinder anfangs zu schüchtern ist, um gemeinsam mit den anderen zu spielen. Beziehen Sie solche Kinder ein, indem Sie sie bitten, Ihnen bei der Vorbereitung eines Spiels behilflich zu sein. Spiele, bei denen die Kinder aussetzen müssen und sich dann ärgern oder langweilen, sollten nicht zu oft gespielt werden.

MUSIK

Sorgen Sie auf alle Fälle für Musik. Kinder mögen es, zu Musik zu tanzen und umherzuspringen, und auch viele Spiele lassen sich am besten mit Musik spielen. Sie können spezielle Kinderpartykassetten kaufen oder selbst welche zusammenstellen, indem Sie Lieder aus dem Radio oder von CDs aufnehmen. Beauftragen Sie jemanden damit, sich bei der Feier um die Musik zu kümmern.

REQUISITEN

Legen Sie alle Requisiten in eine Schachtel – Musikkassetten, kleine Preise, eine Stoppuhr usw. Sie können auch einige dieser Dinge vorher gemeinsam mit Ihrem Kind basteln. Masken oder Abzeichen sind einfach herzustellen; falls Sie sich für ein Motto entschieden haben, sollten Sie alles darauf abstimmen.

PREISE

Alle Kinder wollen Preise gewinnen – und die müssen gar nicht teuer sein. Spielzeuggeschäfte sind voller kleiner Überraschungen wie Miniaturspielkarten oder originelle Schreibwaren. Kleine Schachteln mit Buntstiften sind immer willkommen. Verteilen Sie nicht zu viele Süßigkeiten, vor allem nicht vor dem Essen.

»Gib das Paket weiter« (ohne die Hände zu benutzen) ist ein beliebtes Spiel. Statt eines Hauptpreises können Sie auch mehrere kleine Preise vorsehen.

Planen Sie auch Spiele ein, bei denen eine Mannschaft oder jeder Teilnehmer etwas gewinnt. Die Preise sollten Sie am besten gleich in die Tüte mit den Abschiedsgeschenken packen, damit die Kinder sie später wiederfinden und mit nach Hause nehmen können.

WETTKÄMPFE

Wettkämpfe sind ideal für draußen, einige können jedoch auch im Haus gespielt werden, falls das Zimmer groß genug ist. Stellen Sie so viele Möbel wie möglich beiseite.

DREIBEINER

Binden Sie die Gäste paarweise an den Knöcheln zusammen (nicht zu fest). Verwenden Sie dazu alte Krawatten oder Stoffgürtel. Veranstalten Sie Staffelläufe mit mehreren Mannschaften.

SCHUBKARRENRENNEN

Bilden Sie wieder Zweiergruppen. Eines der Kinder geht auf den Händen, während das andere Kind seine Fußknöchel packt. Wer ohne hinzufallen als erster im Ziel ist, hat gewonnen.

ROTER PIRAT

Je mehr Kinder bei diesem Spiel mitmachen, desto besser. Alle stellen sich in einer Reihe auf einer Seite des Zimmers oder des Gartens auf. Eine Person wird ausgewählt, die in einiger Entfernung zu der Reihe alleine steht. Wenn er oder sie ruft: »Der rote Pirat kommt!«, müssen alle versuchen, auf die andere Seite herüberzurennen, während der Rufende versucht, einen von ihnen zu fangen. Der Gefangene gesellt sich zu dem »Piraten«, während die anderen wieder versuchen, auf die andere Seite zu wechseln. Die beiden versuchen nun, noch mehr Kinder einzufangen. Wer als letztes übrig bleibt, hat gewonnen.

EIERLAUF

Spielen Sie dieses Spiel nicht im Haus, es könnte viel Schmutz entstehen. Die Kinder stellen sich mit einem Löffel, auf dem sie ein Ei balancieren, an die Startlinie. Alle, die ihr Ei heil ins Ziel bringen, haben gewonnen.

SACKHÜPFEN

Am besten verwenden Sie hierfür Jutesäcke, Müllsäcke, Kartoffelsäcke oder alte Kopfkissenbezüge. Es funktioniert am besten, mit beiden Beinen gleichzeitig zu hüpfen, während man den Sack mit beiden Händen hält.

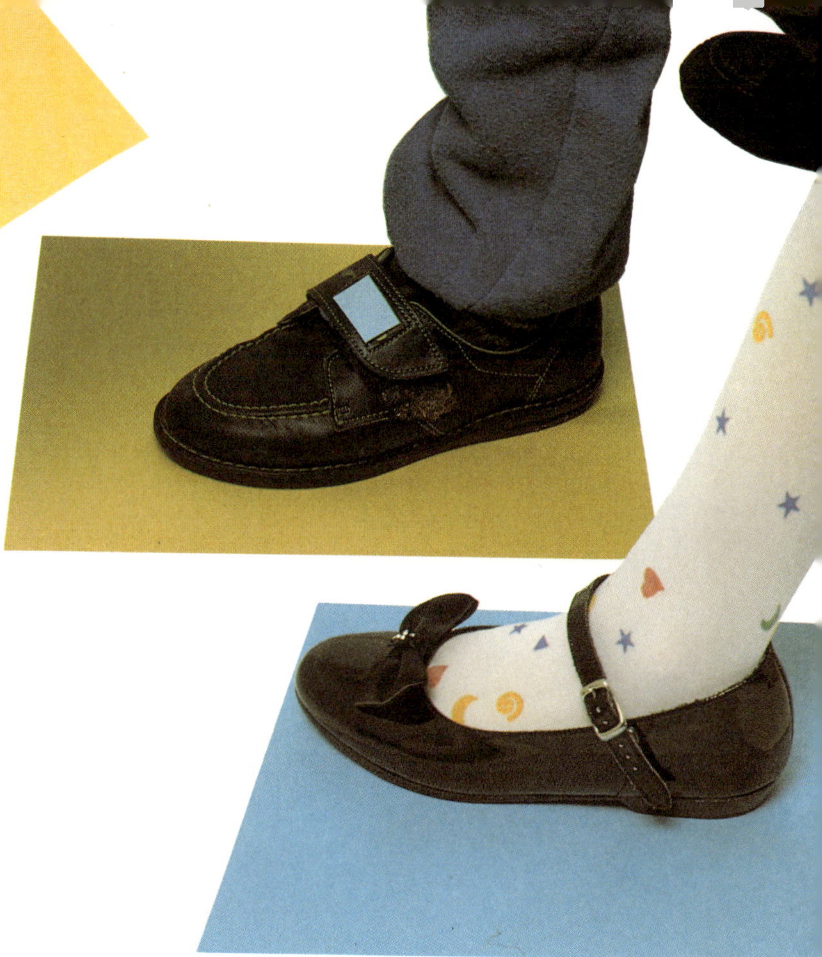

STEINE VERSETZEN

Steine versetzen ist ein einfaches und sehr lustiges Spiel. Alles, was Sie dazu benötigen, sind zwei Blätter Papier pro Spieler. Um vorwärts zu kommen, müssen die Spieler ein Blatt Papier vor ihren Fuß legen, auf das sie dann treten dürfen. Bevor sie den nächsten Schritt machen dürfen, müssen sie den hinteren Fuß hochheben, das Blatt Papier aufnehmen und auf einem Bein balancieren, während sie das Papier wieder vor sich auf den Boden legen. Das ist nicht so einfach, wie es klingt, vor allem, wenn Sie es als Mannschaftsrennen spielen.

MEDAILLEN

Das Geburtstagskind hilft Ihnen sicher, Medaillen für die Gewinner der Rennen und Staffelläufe zu basteln.

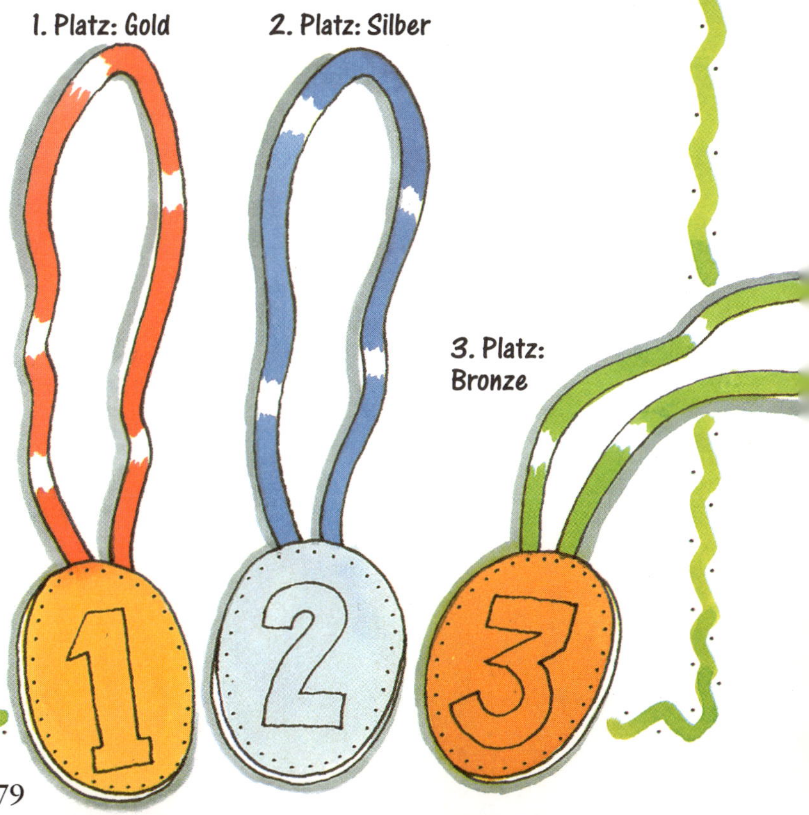

RATESPIELE

GERÜCHE ERRATEN

Ratespiele sind sehr beliebt und lassen sich gut als Wettkämpfe gestalten. Zum Gerücheraten benötigen Sie eine Augenbinde und einige stark riechende Dinge. Wechseln Sie schwierige Sachen, zum Beispiel eine Scheibe Brot oder Shampoo, mit einfachen Dingen, wie zum Beispiel eine Rose oder Pfefferminztee, ab. Jeder Spieler darf einmal pro Gegenstand raten, und für jede richtige Antwort gibt es einen Punkt. Wer die meisten Punkte erzielt, hat gewonnen.

GESCHMÄCKER ERRATEN

Auch bei diesem Spiel werden einem Kind die Augen verbunden. Es soll verschiedene Lebensmittel am Geschmack erraten. Lassen Sie die Kinder nicht zuviel durcheinander kosten, sonst wird ihnen übel. Vanillezucker, Mehl und Kakao sind geeignet, oder auch verschiedene Sorten Marmelade und Joghurt (Erdbeer, Kirsch, Aprikose).

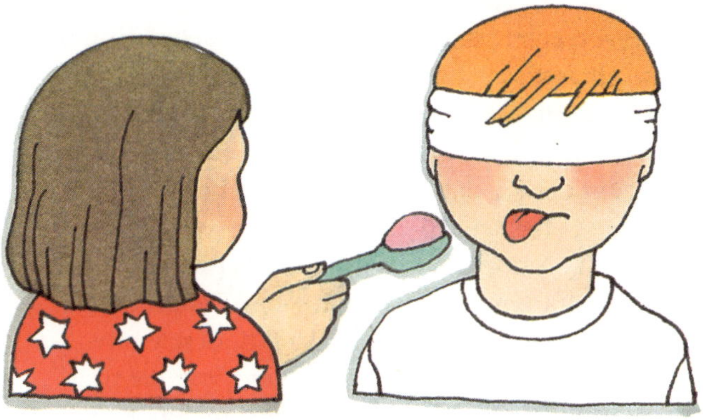

QUIEK, SCHWEINCHEN, QUIEK!

Bei diesem Spiel bekommt ein Kind die Augen verbunden, die anderen sitzen im Zimmer verteilt, am besten auf Sesseln oder Kissen. Der Spieler mit den verbundenen Augen irrt im Zimmer umher. Hat er ein Kind gefunden, setzt er sich auf seinen Schoß und fordert: »Quiek, Schweinchen, quiek!« Der ausgewählte Spieler muß nun quieken, und darf nur an seiner Stimme erkannt werden. Errät der blinde Spieler, bei wem er gelandet ist, dann werden anschließend dem »Schweinchen« die Augen verbunden.

WER BIN ICH?

»Wer bin ich?« wird in Zweiergruppen gespielt. Schreiben Sie die Namen von Prominenten oder Tierarten auf Papier, und kleben Sie jedem Mitspieler seine Identität auf den Rücken. Ein Spieler muß nun den Namen seines Partners lesen und ihm die Person oder das jeweilige Tier durch Mimik darstellen, bis der andere erraten hat, wer er ist. Es darf nicht gesprochen werden.

GEGENSTÄNDE ERRATEN

Man braucht
eine Pappschachtel
Geschenkpapier
kleine Haushalts-
gegenstände

Beziehen Sie einen Pappkarton mit buntem Geschenkpapier.

Legen Sie die Rategegenstände dort hinein.

Schneiden Sie auf zwei gegenüberliegenden Seiten jeweils ein Loch in den Karton, das groß genug ist für Kinderhände.

Die Spieler versuchen nun der Reihe nach, still alle Gegenstände in der Kiste zu erraten, und schreiben dann ihre Ergebnisse auf. Sie können eventuell ein Zeitlimit festlegen, um das Spiel schwieriger zu machen. Wenn alle an der Reihe waren, öffnen Sie die Schachtel und prüfen, wer die meisten richtigen Gegenstände aufgeschrieben hat.

Verwenden Sie vor allem Gegenstände aus dem Haushalt – einige schwierig zu erratende und einige einfache, je nach Alter der Kinder.

Für jüngere Kinder könnten Sie eine Gummiente, eine Orange, ein Spielzeugauto, einen Kamm, einen Teddybären und einen Schwamm verwenden.

Für ältere Kinder können Sie schwierigere Gegenstände nehmen, zum Beispiel eine Wollmütze, Spielkarten, eine Büroklammer, eine Banane, eine Tube Zahnpasta, eine Sonnenbrille, Schleifpapier und ein Röllchen Tesa.

PAPIER & STIFT

Wenn viele Kinder eingeladen sind, kann es recht laut werden, deshalb sollten Sie einige leisere und weniger anstrengende Spiele mit einplanen. Das verschafft sowohl Ihnen als auch den Kindern eine kleine Ruhepause. Alles, was Sie für die folgenden Spiele benötigen, sind höchstens Papier und Stifte.

LANGE WÖRTER

Für dieses Spiel müssen Sie sich ein recht langes Wort ausdenken, zum Beispiel »Nachtigall«. Die Spieler haben dann fünf Minuten Zeit, um alle Wörter aufzuschreiben, die man mit den Buchstaben aus diesem Wort bilden kann, zum Beispiel: Nacht, Alltag, acht, Tag und so weiter. Es dürfen keine Eigennamen sein. Das Kind mit den meisten richtigen Wörtern ist der Gewinner.

LETZTER BUCHSTABE

Bei diesem Spiel können beliebig viele Kinder mitspielen. Alle sitzen im Kreis, und eines der Kinder denkt sich ein Wort aus. Es kann ein Land, ein Tier, ein Gemüse oder eine Blume sein. Wenn das Kind zum Beispiel »Narzisse« ruft, müssen die anderen das Wort aufschreiben und eine Blume suchen, die mit dem letzten Buchstaben des Wortes beginnt, zum Beispiel »Erika«. Die nächste Blume muß mit einem »A« beginnen und so weiter, bis keiner mehr weiterweiß. Wer die meisten Begriffe gefunden hat, gewinnt. Mit älteren Kindern können Sie dieses Spiel auch mündlich spielen; dann sind die Kinder reihum dran.

BILDER ERRATEN

Dies ist ein amüsantes Spiel, das mit mehreren Teams gespielt wird. Jede Person schreibt einen Gegenstand oder ein Tier etc. auf ein kleines Stück Papier, faltet das Papier zusammen und gibt es in einen Hut oder eine Tüte. Ein Spieler aus jedem Team zieht einen der Zettel und schaut nach, welches Wort darauf steht. Er oder sie hat dann eine Minute Zeit, es zu malen. Die anderen Teammitglieder müssen raten, was gemeint ist. Wenn Sie es erraten, bevor die Zeit abgelaufen ist, bekommt das Team einen Punkt. Alle Teams ziehen gleich viele Zettel, und das Team mit den meisten Punkten hat gewonnen.

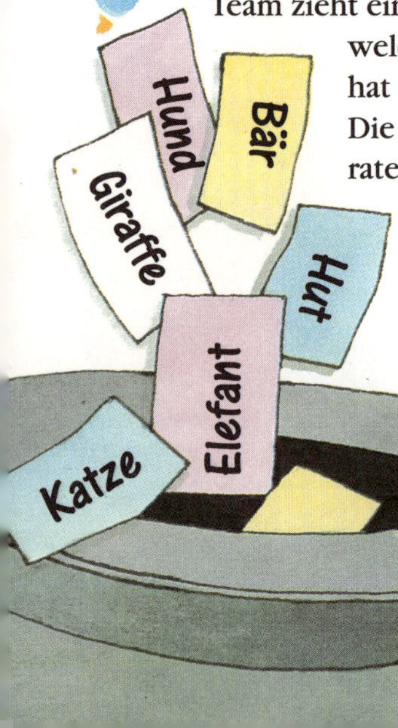

KÖPFE UND KÖRPER

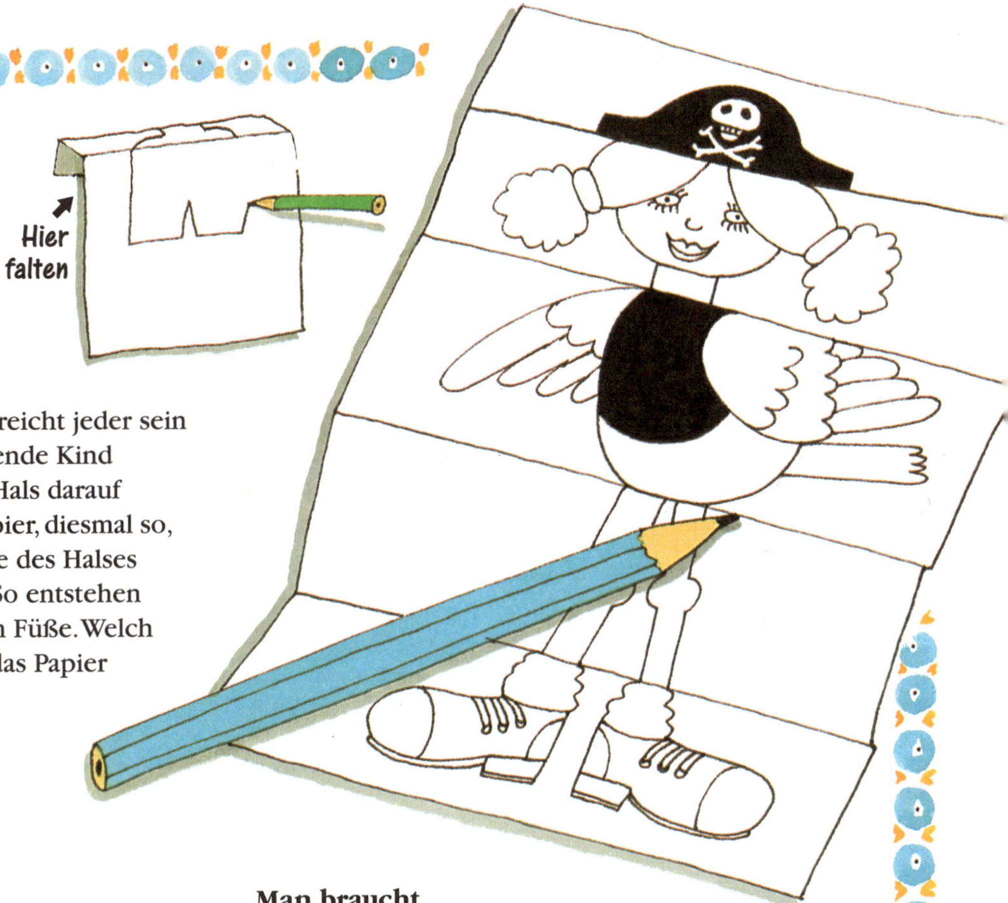

»Köpfe und Körper« ist ein sehr lustiges Malspiel. Jeder Spieler malt einen Hut ganz oben auf ein großes Blatt Papier und faltet diesen Abschnitt unterhalb der Zeichnung nach hinten um. Dann reicht jeder sein Blatt an das rechts neben ihm sitzende Kind weiter, das einen Kopf und einen Hals darauf zeichnet. Wieder falten alle das Papier, diesmal so, daß man nur noch das untere Ende des Halses sehen kann, und geben es weiter. So entstehen dann Rumpf, Beine und schließlich Füße. Welch eine lustige Überraschung, wenn das Papier entfaltet wird!

MERKSPIEL

Kinder merken sich gerne Gegenstände, und Sie können sicher sein, daß es dabei schön leise zugeht. Stellen Sie vor der Party etwa ein Dutzend Gegenstände auf einem Tablett zusammen, zum Beispiel Bürste, Knopf, Kerze, Schere, Apfel und so weiter. Tragen Sie das Tablett mit den Gegenständen ins Zimmer, und sagen Sie den Kindern, sie sollen die Gegenstände eine Minute lang betrachten und sich alles genau merken. Tragen Sie dann das Tablett wieder heraus, und geben Sie jedem einen Stift und ein Blatt Papier. Lassen Sie den Kindern Zeit, um alles aufzuschreiben, an das sie sich erinnern können. Wer die meisten richtigen Gegenstände aufschreiben kann, hat gewonnen. Sie können den Schwierigkeitsgrad des Spiels erhöhen, indem Sie noch mehr Gegenstände auf das Tablett legen.

Man braucht
ein Tablett
verschiedene
Haushaltsgegenstände
Stifte
Papier

ZIELSCHEIBE

Die Kinder werden beim Basteln der Zielscheiben genausoviel Spaß haben wie beim Spiel selbst. Das hier als Beispiel gewählte Clownsgesicht nimmt Bezug auf das Circusmotto, Sie können aber auch einen Weltraumfahrer für eine Weltraumparty malen und so weiter. Dieses Spiel ist nicht für kleinere Kinder geeignet.

Man braucht
bunten Karton
Seidenpapier
Scheren
Klebstoff
Zahnstocher
Knetmasse
dicke Strohhalme

1 Schneiden Sie für das Clownsgesicht einen Kreis aus Pappe aus, und kleben Sie ihn auf eine Seite einer gefalteten Karte. Schneiden Sie aus Papier Mund, Nase und Augen aus, und kleben Sie sie auf das Gesicht.

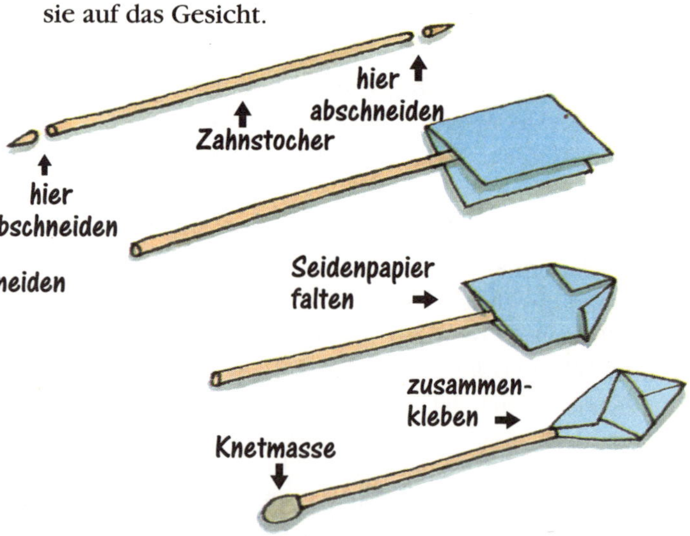

2 Zeichnen Sie mit einem Bleistift eine Linie in den breiten Mund, so daß Lippen entstehen. Schneiden Sie das Innere des Mundes feinsäuberlich mit einem Cutter aus, damit ein großes Loch entsteht.

3 Für die »Pfeile« schneiden Sie die spitzen Enden von Zahnstochern ab. Kleben Sie dann etwas Knetmasse auf das eine Ende und ein rautenförmig zusammengeklebtes Stück Seidenpapier als »Schweif« auf das andere Ende.

Schießen

Steckt den Pfeil (Knetgummispitze zuerst) in einen Strohhalm, und blast dann heftig in den Strohhalm. Versucht, den Pfeil in den Mund des Clowns zu schießen.

Wettschießen

Basteln Sie für jedes Kind drei Pfeile, und vergeben Sie bei jedem Treffer einen Punkt. Wenn Sie nur wenige Kinder eingeladen haben, können Sie für jedes eine eigene Zielscheibe basteln. Sie können auch mehrere Zielscheiben basteln und dann Mannschaften bilden.

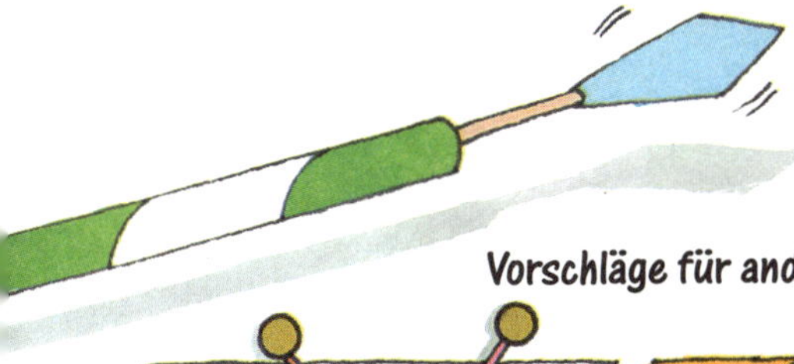

WARNUNG:
Achten Sie darauf, daß die Kinder nicht aufeinander zielen.

Vorschläge für andere Zielscheiben

Kleinere Kinder könnten auch versuchen, Plastikchips oder Smarties von einem bestimmten Punkt aus in den Clownsmund zu werfen.

CLOWNBALLONS

Die Kinder malen Clownsgesichter auf Ballons. Sie können das Gesicht mit Filzstiften aufmalen oder Augen, Nase und Mund aus Papier ausschneiden und auf die Ballons kleben. Für das Ballonspiel müssen sich alle Kinder in einer Reihe aufstellen und den Ballon, ohne die Hände zu benutzen, von einem Ende der Reihe zum anderen weitergeben. Spielen Sie das Spiel mit verschiedenen Mannschaften. Wenn jemand den Ballon fallenläßt, muß die Mannschaft von vorne anfangen.

Sie können die Ballons auch passend zu anderen Themen bemalen.

SCHATZSUCHE

Schatzsuchen bereitet Kindern immer viel Freude, bedarf aber einer gründlichen Vorbereitung. Am besten spielen Sie die Schatzsuche natürlich draußen, besonders wenn viele Kinder teilnehmen, obwohl Sie bei größeren Wohnungen auch drinnen Hinweise verstecken können. In kleinen Teams wird die Suche noch mehr Spaß machen und erfolgreicher verlaufen, als wenn die Kinder einzeln suchen.

Man braucht
Stift
Papier
Umschläge
einen Schatz

Teilen Sie die Kinder, abhängig davon, wie viele mitspielen, in zwei oder mehr Mannschaften auf. Denken Sie sich ungefähr zehn verschiedene Verstecke für Hinweiszettel aus. Wenn das Versteck zum Beispiel unter einem Schubkarren ist, könnte einer der Hinweise lauten: »Das nächste Versteck befindet sich unter etwas, das dazu verwendet wird, Dinge durch den Garten zu schieben.«

Jede Mannschaft erhält ein Exemplar eines jeden Hinweises. Der letzte Hinweis führt die Mannschaften zu dem Schatz (Süßigkeiten oder kleine Spielzeuge), der schon vor Beginn des Spiels versteckt wird. Für eine Themenparty verstecken Sie etwas dazu Passendes, zum Beispiel Schokoladenmünzen bei einer Piratenparty.

Geben Sie jeden Hinweis in einen Umschlag, auf dem die Nummer der jeweiligen Mannschaft steht, und verstecken Sie alle Umschläge bis auf den ersten, den Sie den Kindern zu Beginn des Spiels aushändigen. Damit die Mannschaften sich nicht lediglich zu den verschiedenen Verstecken folgen, sollten Sie die Briefumschläge in unterschiedlicher Reihenfolge an den Verstecken hinterlegen.

PUZZLE-SUCHE

Schneiden Sie alte Geburtstagskarten oder Weihnachtskarten auseinander, und machen Sie Puzzles daraus. Eines für jedes Kind oder Team. Sie können auch Bilder aus Zeitschriften auf dünne Pappe kleben und dann auseinanderschneiden. Einfache, klare Bilder eignen sich dafür am besten. Verstecken Sie die Puzzleteile einzeln im Haus. Wer sein Puzzle als erster komplett hat, gewinnt.

SUCH DEN VERGRABENEN SCHATZ

Kleinere Kinder haben möglicherweise Schwierigkeiten, den Hinweisen zu folgen. Sie können statt dessen folgendes Spiel mit ihnen spielen:

Man braucht

Farbe oder Stifte	einen dünnen Styroporbogen
Papier	Zahnstocher
Scheren	einen Schatz

Malen Sie ein Bild mit einer tropischen Insel auf ein großes Stück Papier. Schneiden Sie dann die Insel aus, und lassen Sie die obere Ecke unausgeschnitten, so daß Sie das Ganze anheben können. Geben Sie das Papier auf ein dünnes Stück Styropor, und malen Sie, ohne daß die Kinder es sehen können, ein X auf das Styropor unter der Insel. Nun muß jedes Kind raten, wo der Schatz auf der Insel versteckt ist, indem es eine Flagge (die Sie aus einem Zahnstocher und einem Stückchen Papier basteln) in die Insel steckt. Sehen Sie dann unter der Insel nach, wessen Flagge dem X am nächsten ist. Der Gewinner erhält den Schatz.

NATURJAGD

In einem Park oder im Garten ist eine Naturjagd ideal. Geben Sie jedem Kind eine Liste mit Dingen, nach denen es suchen soll; einige sollten einfacher, andere schwieriger zu finden sein. Hier sind ein paar Vorschläge:

Zweig
Blätter (verschiedene)
Stein
Feder
Blumen (verschiedene)
Abfall
Samen

PFÄNDERSPIELE

Dieses Pfänderspiel läßt sich für jede Themenparty variieren. Die hier beschriebene Version ist auf eine Feenparty zugeschnitten; basteln Sie eine Drehscheibe mit einem Zauberstab als Richtungsanzeiger und lilienförmige Kissen, auf deren Unterseite Sie die verschiedenen Pfänder schreiben. Die Spielregel ist einfach: Die Kinder sitzen auf ihren Kissen im Kreis und drehen reihum den Stab. Derjenige, auf den der Zauberstab zeigt, wenn er aufhört sich zu drehen, muß sein Lilienkissen umdrehen und die auf der Karte stehende Aufgabe erfüllen. Danach darf er sich wieder hinsetzen. Der letzte, der übrig bleibt, ist der Gewinner.

Mögliche Aufgaben:

- Du hast dich in einen Frosch verwandelt. Springe zehnmal auf und ab.
- Laufe im Kreis herum, und singe dabei ein Lied.
- Klopfe dir mit einer Hand auf den Kopf, und reibe dir gleichzeitig mit der anderen Hand kreisförmig den Bauch.

Zauberstab

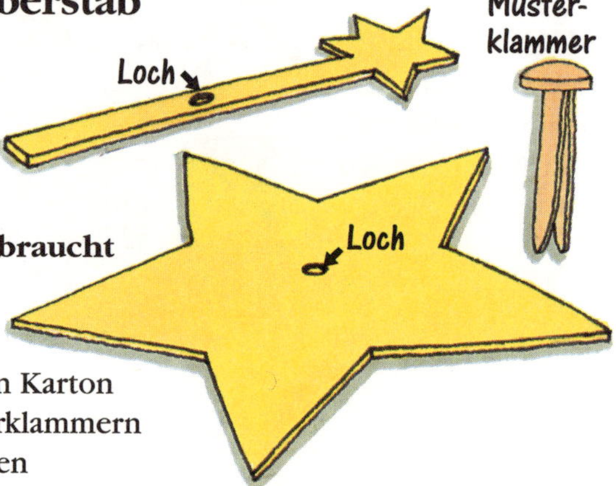

Man braucht

dicken Karton
Papierklammern
Scheren

Schneiden Sie aus Pappe eine große Sternform als Drehscheibe aus. Schneiden Sie dann einen kleinen Stern und einen langen Streifen aus und basteln daraus den Zauberstab. Stanzen Sie in die Mitte der Drehscheibe und des Stabes ein Loch, und heften Sie beide Teile mit der Klammer zusammen. Biegen Sie die Klammerarme nicht zu fest um, damit sich der Stab noch drehen kann.

Lilienkissen

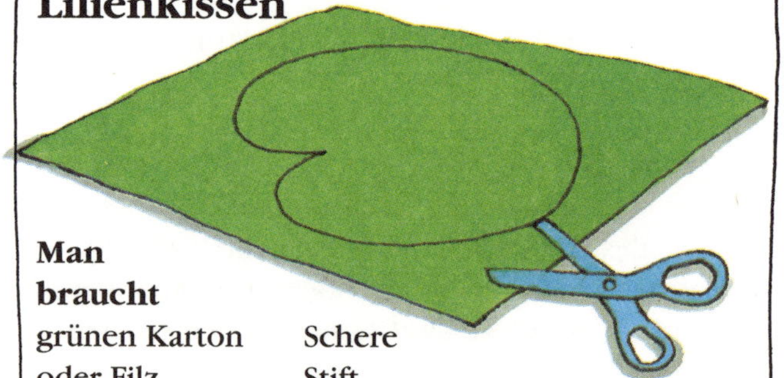

Man braucht

grünen Karton oder Filz
Schere
Stift

Zeichnen Sie den einfachen Umriß einer Lilie, und übertragen Sie ihn auf Karton oder Filz. Basteln Sie ein Kissen für jede Person. Schreiben Sie dann auf die Rückseite eines jeden Kissens eine kleine Aufgabe (bei Filz schreiben Sie die Aufgabe auf Papier und kleben es an).

PÜNKTCHEN

Man braucht
ein großes Stück Papier
viele kleine schwarze Papierkreise oder Klebepunkte
einen Stift
Knetgummi

Für dieses Spiel müssen Sie die Umrisse eines Hundes zeichnen und an die Wand hängen. Unterteilen Sie den Hundekörper in verschiedene Zonen, die alle unterschiedlich viele Punkte zählen. Verteilen Sie dann die Klebepunkte an die Kinder. Den Kindern werden nun die Augen verbunden. Sie sollen nacheinander versuchen, die Punkte auf den Hund zu kleben. Wenn sie ihn gar nicht treffen, bekommen sie keine Punkte. Zählen Sie am Ende jeder Runde die Punkte zusammen, um zu sehen, wer gewonnen hat.

MUSIKPUNKTE

Wenn Sie eine Pünktchenparty veranstalten, können Sie das Spiel »Reise nach Jerusalem« variieren, indem Sie statt der Stühle große bunte Punkte verwenden.

Man braucht

Pappe, Karton oder Filz	Stifte
runde Kuchenplatte	Musik

Zeichnen Sie mit der Kuchenplatte als Schablone Kreise auf bunten Karton oder Filz. Schneiden Sie einen Kreis weniger aus, als Gäste da sind, und verteilen Sie sie im Raum. Die Kinder tanzen zu Musik um die Kreise herum. Wenn die Musik plötzlich aufhört, müssen sich alle ganz schnell auf einen Kreis setzen, oder sie sind ausgeschieden. Entfernen Sie nach jeder Runde einen der Kreise. Wer auf dem letzten Kreis sitzt, hat gewonnen.

MONSTERSPIELE

Kinder basteln furchtbar gerne, also regen Sie doch einfach ihre Phantasie zum Monsterbasteln an! Sie könnten die Kinder in Mannschaften einteilen und einen Wettbewerb für das gelungenste Monsterkostüm veranstalten. Das bietet oftmals einen guten Anfang für eine Party, weil es alle Kinder beschäftigt. Die folgenden Dinge bilden eine gute Grundausstattung, die Sie mit weiteren Gegenständen aus ihrem Haushalt ergänzen können.

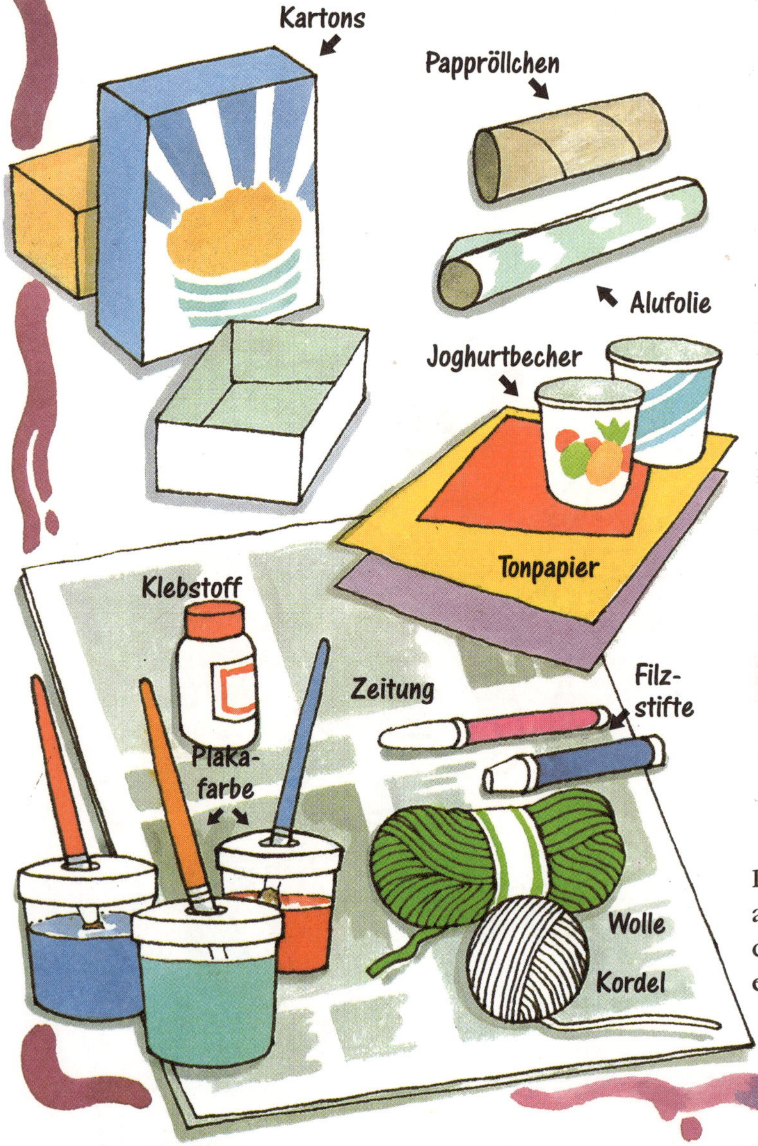

Dies ist eine Beschäftigung, die man auch gut auf andere Partythemen übertragen kann. Man kann die Kinder auf einer Weltraumparty beispielsweise einen Astronauten oder eine Rakete basteln lassen.

MONSTERSTATUEN

Bei diesem Spiel bewegen sich die Kinder zur Musik wie Monster durch den Raum und machen dabei gruselige Monstergeräusche! Wenn die Musik ausgeschaltet wird, müssen sie so lange in der Stellung verharren, in der sie sich gerade befinden, bis die Musik wieder eingeschaltet wird. Wer sich bewegt, scheidet aus. Auch dieses Spiel läßt sich gut abwandeln. Auf einer Dschungelparty könnten die Kinder ein Tier nachahmen.

WIE SPÄT IST ES, MÄCHTIGES MONSTER?

Für dieses Spiel müssen Sie ein Kind auswählen, das das Monster spielt. Je mehr Kinder mitspielen, um so besser. Das »Monsterkind« fängt an und entfernt sich von den anderen Kindern. Die anderen folgen ihm und rufen dabei laut: »Wie spät ist es, mächtiges Monster?« Das Monster darf jede beliebige Zeit nennen, aber sobald es »Zwölf Uhr, Mittagszeit« ruft, jagt es alle zum Ausgangspunkt zurück. Wer gefangen wird oder als letzter wieder zurückgelaufen ist, spielt als nächstes das Monster.

DSCHUNGELBILD

Kinder malen gerne und am liebsten im Großformat. Zu Beginn einer Party kann man gut Tapeten bemalen oder Collagen basteln, denn so sind die Kinder vom ersten Augenblick an beschäftigt. Einige werden sich bestimmt nicht losreißen können!

Man braucht
alte Tapete, Zeitschriften, farbiges Papier, bunte Stifte, Scheren und Klebstoff, Tesafilm oder Reißzwecken

Sie müssen kein Künstler sein, um das Wandbild zu beginnen. Befestigen Sie die Tapete an der Wand, und malen Sie ein paar Umrisse darauf. Die Kinder werden den Rest erledigen! Für Collagen sollten Sie bereits vorher ein paar Figuren ausschneiden, die die Kinder sofort aufkleben, bemalen oder nachzeichnen können.

Kinder haben viel Spaß daran, um den Körper eines anderen herumzumalen. Dieser kann immer wieder eine neue Position einnehmen. Achten Sie darauf, daß die Kinder sich nicht die Kleidung bemalen.

TEDDYS REISE

Für dieses Spiel stellen sich die Kinder in einem Kreis auf. Schalten Sie Musik an, und geben Sie einem Kind den Teddybären. Er oder sie muß ihn dann an das Kind zu seiner Linken weiterreichen, und so reist der Teddy von Kind zu Kind durch die Runde. Wenn die Musik aufhört, scheidet der, der gerade den Teddy hält, aus. Wer bis zum Schluß übrigbleibt, ist der Gewinner.

TEDDYMANNSCHAFTEN

Dies ist eine schwierigere Variante der oben genannten Teddyreise, bei der mehr Geschicklichkeit und eine größere Anzahl Teddybären erforderlich sind! Die Kinder werden in zwei Mannschaften aufgeteilt und stellen sich jeweils in einer Reihe auf. Geben Sie das Startsignal: »Auf die Plätze, Teddy, los!« Die Kinder müssen jetzt versuchen, mehrere Teddys in der Reihe weiterzugeben, wobei sie jeden Körperteil außer ihren Händen benutzen dürfen. Fällt einer der Bären auf den Boden, muß er wieder an den Anfang der Reihe zurück. Die Gruppe, der es zuerst gelingt, alle ihre Teddys einmal durch die Reihe zu reichen, gewinnt einen Preis.

SCHWARZES LOCH

Dies ist eine Variante des beliebten Angelspiels. Man braucht Glück und Geschicklichkeit, um mit Angeln und Magneten im Weltraum fischen zu gehen.

Man braucht
farbiges Papier (Silber und Gold)
Büroklammern
Scheren
Tesafilm
einen Magneten
einen Stab mit einer Schnur
Papierkorb oder Eimer
schwarzen Plastiksack

1 Basteln Sie ein »schwarzes Loch«, indem Sie einen Plastiksack in einen Papierkorb oder einen Eimer geben. Dekorieren Sie die Außenseite mit ausgeschnittenen Sternen, Planeten oder Raketen.

2 Schneiden Sie aus farbigem Papier Sterne, Monde, Planeten, Astronauten und Außerirdische aus. Anstelle von silbernem Papier können Sie auch Alufolie verwenden.

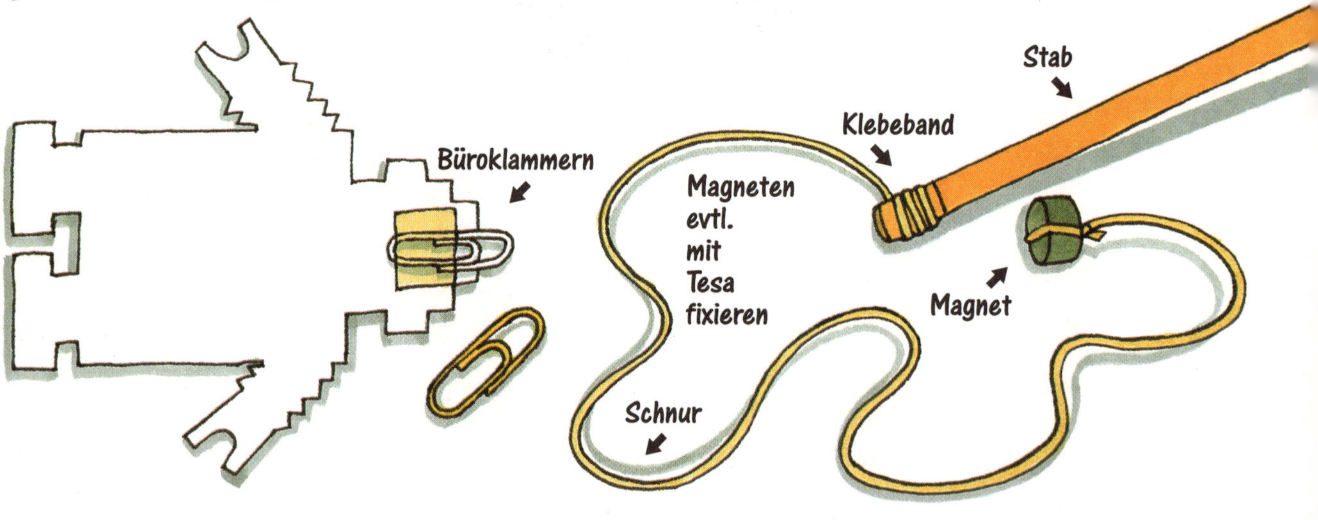

3 Befestigen Sie jeweils auf der Rückseite der Figuren mit Tesafilm eine Büroklammer, die weit genug hervorstehen muß, um von dem Magneten angezogen zu werden. Legen Sie die Figuren in das »Schwarze Loch«.

4 Für die Angel binden Sie ein Stück Schnur an den Stab und sichern es gegebenenfalls zusätzlich mit Tesafilm. Dann binden Sie den Magneten am anderen Ende der Kordel fest.

VARIATIONEN

Piraten

Benutzen Sie einen Korb oder eine Holzkiste als Behälter. Lassen Sie die Kinder nach Schokoladenmünzen oder Papierpapageien fischen.

Dschungel

Dekorieren Sie einen Pappkarton mit grünen Papierblättern, und lassen Sie die Kinder nach Papiertieren fischen.

Spielregel
Schreiben Sie unterschiedliche Punktzahlen auf die Rückseite der Figuren, und lassen Sie die Kinder in Teams gegeneinander angeln. Wenn ein bestimmtes Zeitlimit überschritten ist, werden die Punkte zusammengezählt und die Gewinner ermittelt.

WEITERE IDEEN

Hier sind noch zwei etwas verrücktere Spiele, die Kindern ganz besonders viel Spaß bereiten.

TANZENDE ÄPFEL

Dies ist ein Wettessen, bei dem derjenige gewinnt, der zuerst seinen Apfel aufgegessen hat. Bohren Sie mit einem Apfelentkerner ein Loch durch die Mitte der Äpfel. Hängen Sie die Äpfel an einer Schnur auf Mundhöhe von der Decke herab, und schon kann die Mampferei beginnen!

MOHRENKOPFWETTESSEN

Wenn Sie dieses Spiel im Haus spielen wollen, so breiten Sie vorsichtshalber etwas Zeitungspapier oder ein altes Bettuch auf dem Boden aus, denn es kann leicht zu Verschmutzungen kommen. Stellen Sie vor jedem Spieler einen Teller mit Mohrenköpfen auf. Die Kinder müssen sich nun hinknien und versuchen, die Mohrenköpfe ohne Zuhilfenahme ihrer Hände zu essen. Wer als erstes seine Mohrenköpfe aufgegessen hat, hat gewonnen.

ISBN 3-8118-1333-1

© der deutschsprachigen Ausgabe:
1999 by VPM Verlagsunion Pabel Moewig KG, Rastatt
© der englischen Originalausgabe:
1993 by Zigzag Publishing Ltd, Sussex England

Originaltitel: The Complete Book of Children's Parties
Licensed by Jockel & Partner Verlagsagentur, Karben

Die Verwertung der Texte und Bilder, auch auszugsweise, ist ohne Zustimmung des Verlages urheberrechtswidrig und strafbar. Dies gilt auch für Vervielfältigungen, Übersetzungen, Mikroverfilmung und für die Verarbeitung mit elektronischen Systemen.

Titelbild, Fotos, Illustrationen: Tony Potter, Clare Beaton
Projekt Art Direktor: Tony Potter
Text der englischen Originalausgabe: Clare Beaton
Einbandgestaltung: Grafik Design Studio Lothar Mielau, Wiesbaden
Übersetzung: Birgit Förster, Köln
Redaktion: René Zey, Anna Loll, Frechen
Herstellung: Königsdorfer Verlagsbüro, Frechen
Druck und Bindung: Partenaires Fabrication
Printed in France

Die Ratschläge in diesem Buch sind von Autoren und Verlag sorgfältig erwogen und geprüft worden, dennoch kann eine Garantie nicht übernommen werden. Eine Haftung der Autoren bzw. des Verlags für Personen, Sach- und Vermögensschäden ist ausgeschlossen.